数产融合

数字技术赋能产业高质量发展

刘丁蓉 文丹枫 著

人民邮电出版社

北京

图书在版编目（CIP）数据

数产融合：数字技术赋能产业高质量发展 / 刘丁蓉，
文丹枫著. -- 北京：人民邮电出版社，2024. -- ISBN
978-7-115-65405-2

Ⅰ．F269.2-39

中国国家版本馆 CIP 数据核字第 202472DR50 号

内 容 提 要

本书围绕数字化产业与产业数字化，以数字经济为依托、技术创新为动力，深度剖析数字技术对我国实体产业高质量发展的赋能机制，以及数字经济驱动下各产业间的融合路径，旨在为我国产业结构转型升级提供理论思路与实践依据。

本书适合关注国家发展战略、产业政策制定的相关人员，制造业、服务业、农业等领域的管理者和决策者，经济学、管理学、信息技术等专业的教师及学生，以及其他对数字化转型感兴趣的人士阅读。

◆ 著　　　　刘丁蓉　文丹枫
　　责任编辑　孙馨宇
　　责任印制　马振武
◆ 人民邮电出版社出版发行　　北京市丰台区成寿寺路 11 号
　　邮编　100164　　电子邮件　315@ptpress.com.cn
　　网址　https://www.ptpress.com.cn
　　固安县铭成印刷有限公司印刷
◆ 开本：720×960　1/16
　　印张：18.5　　　　　　　　2024 年 11 月第 1 版
　　字数：205 千字　　　　　　2024 年 11 月河北第 1 次印刷

定价：89.90 元

读者服务热线：(010)53913866　印装质量热线：(010)81055316
反盗版热线：(010)81055315
广告经营许可证：京东市监广登字 20170147 号

前言

党的二十大报告要求，加快发展数字经济，促进数字经济和实体经济深度融合，打造具有国际竞争力的数字产业集群。

当前，世界百年未有之大变局加速演进，要实现中华民族伟大复兴，就必须加快建设以实体经济为支撑的现代化产业体系。近年来，我国科技创新不断取得突破，以大数据、云计算、区块链、人工智能等为代表的数字技术发展迅速，成为推动经济高质量发展的重要力量。

数字经济具有高创新性、强渗透性和广覆盖性，不仅能够孕育新的经济增长点，还能够为其他产业注入强劲的生命力。为刺激数字经济持续迸发向"新"力，应加快数据要素市场化建设的进程，强化新型基础设施保障，加大投融资支持力度，聚焦核心技术研发，加强人才培养，持续推进数产融合。

数产融合的核心在于通过数字技术推动产业升级，提升全要素生产率，培育新业态新模式。例如，在制造业领域，通过在产品研发、生产制造、营销推广、物流运输等环节应用数字技术，可以重塑组织形态，改进制造流程，创新生产方式和商业模式，从而加快传统制造向智能制造转型升级，促进先进制造业和现代服务业"两业融合"。对企业来说，数产融合意味着企业的数字化转型，利用大数据、云计算、人工智能等数字技术开发新产品、规划新流程、打造新模式，实现降本增效。随着新一轮科技革命和产业变革的推进，数字技术将在经济社会发展中扮演更加重要的角色。

在相关政策的支持下，我国数产融合的进展显著。但仍面临着一些挑战，例如部分产业存在自主创新能力较弱、关键技术问题亟待解决、技术标准不统一等问题。随着人工智能、量子信息等前沿技术的应用，数产融合将继续深化，成为提升国际竞争力的关键。

本书立足于我国高质量发展的内在要求与阶段特征，围绕数产融合这一主题，由数字经济、数产融合、产业融合、双链融合、两化融合、应用场景这 6 个部分组成，涉及新质生产力、三产融合、工业互联网、数字贸易等前沿科技领域的最新理论与实践成果，旨在帮助读者把握数产融合的历史性发展机遇。

笔者

2024 年 10 月

目录

第三部分
产业融合篇

第四部分

双链融合篇

第五部分

两化融合篇

第六部分

应用场景

第一部分

数字经济篇

第 1 章

数字经济：
中国式现代化的新引擎

数字经济成为继农业经济、工业经济后的又一主要经济形态，有着极快的发展速度和极广阔的覆盖范围。数字经济的关键要素为数据资源，核心驱动力为数字技术，主要的实现载体为现代信息网络。

01　数字经济的"四化"框架

近年来，随着新一代信息技术的创新突破，既有的商业模式和资源配置方式在数字经济的作用下发生改变，对生产方式、生活方式和治理方式产生深远影响，为经济发展提供强大推力。

根据中国信息通信研究院发布的《中国数字经济发展研究报告（2023年）》，2022年，我国数字经济的规模为50.2万亿元，较2021年名义增长10.3%，呈现出持续高增长的态势，名义增速连续11年高于同年GDP名义增速，且领先幅度较为明显。此外，数字经济占GDP的比重为41.5%，这一数字与第二产业在GDP中的占比大致相当。2017—2022年我国数字经济发展情况如图1-1所示。

在此之前，中国信息通信研究院发布的《中国数字经济发展白皮书（2020年）》从生产要素出发提出了数据价值化，从生产力出发提出了数字产业化和产业数字化，从生产关系出发提出了数字化治理，此即数字经济的"四化"框架，如图1-2所示。

单位：万亿元

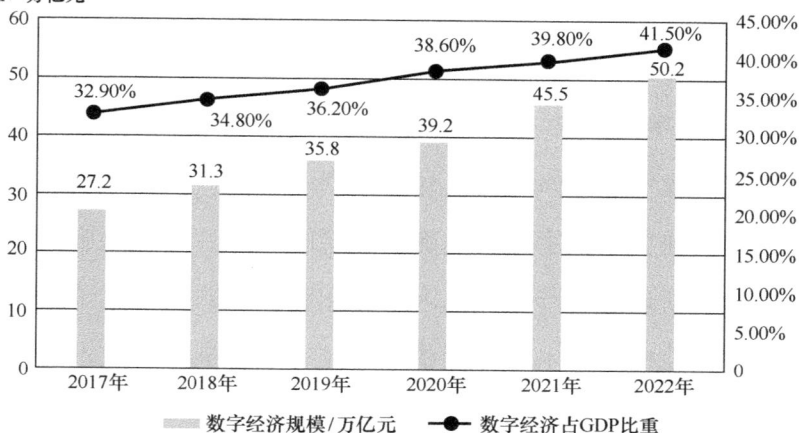

图 1-1　2017—2022 年我国数字经济发展情况

数据来源：中国信息通信研究院。

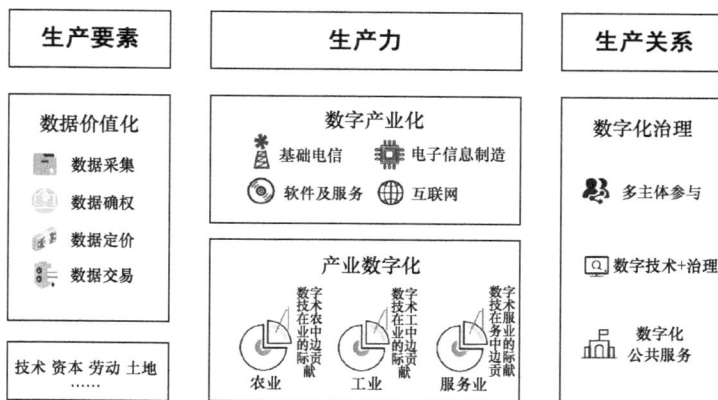

图 1-2　数字经济的"四化"框架

数据来源：中国信息通信研究院。

（1）数据价值化

数据是数字经济的关键生产要素，数据价值化在数字经济的发展过程中起到非常重要的作用。数据是海量的、难以计数的，通过分析处理，发掘数据的价值，将数据纳入生产经营过程，实现对数据的有效利用，这就是数据价值化的意义。数据价值化包含数据采集、数据确权、数据定价、数据交易等环节。

（2）数字产业化

数字产业化具体体现为信息通信产业，这一产业在数字经济发展中居于领先地位，数字经济发展所需要的技术、产品、服务、解决方案等都来自信息通信产业。数字产业化涉及互联网、电子信息制造、基础电信、软件及技术服务等领域，这些领域推出的技术、产品或服务有5G、人工智能、大数据、云计算等。

（3）产业数字化

产业数字化是数字经济发展的重要路径，拓展了数字经济的发展空间。数字产业化主要是基于数字技术构建新的产业，产业数字化则是将数字技术应用于传统产业以提高生产效率，推动传统产业转型升级。数字经济注重自身与实体经济的融合，立足实体经济，促进经济高质量发展，产业数字化的产物有工业互联网、智能制造、车联网、平台经济等。

（4）数字化治理

数字化治理是推进国家治理体系和治理能力现代化的体现，可以为数字经济的健康发展提供坚实的基础和保障。将数字技术应用于治理，可实现技术和管理的紧密结合，健全和完善制度及治理体系，推动监管方式和治理模式创新转型，更好地履行决策、执行、组织、监督等行政职能，切实提高综合治理能力。数字化治理体现在多个方面，包括多主体参与、数字技术+治理、数字化公共服务等。

02　数字经济的核心要素

在数字经济的发展过程中，数字产业化和产业数字化发挥着重要的支撑作用，而两者的长期发展依靠多种要素的支持，具体如下。

（1）数据价值化：激活关键生产要素

数据是数字经济的关键生产要素，是数字经济发展的基础和支撑，可以极大地促进技术、资本、劳动力、土地等要素价值的释放。对数据进行充分高效利用能够创造出新技术，在数字产业化、产业数字化、治理现代化等多个方面发挥积极作用，对于实现高质量发展具有重要意义。激活数据这一关键生产要素，需要推动数据价值化。

目前，围绕数据采集和数据标注环节的区域产业体系已具备较高的成熟度，但相应的管理机制还存在可改进和完善的空间。机制的调整是为了更好地适应不同主体和领域的需要。数据价值化需要数据要素市场体系作为支撑，体系的建设要依靠大数据技术创新，而在此过程中，健全体制机制所发挥的作用更为关键。针对数据确权和数据定价，构建相应的机制，明确相关的规则，指导数据交易。此外，要加强数据安全监管和数据市场风险防控，引导市场环境朝着有利于数据要素流通的方向发展。

（2）数字安全：完善数字经济安全保障

数字经济的发展使各种信息系统能够更加便捷地实现互联互通，同时，数据得以更加频繁地跨域流动。在这样的条件下，网络、数据、基础设施的安全受到考验，将面临更大的威胁和风险。

数字安全是提高数字经济发展质量，实现数字经济健康稳定发展的保障。应对安全挑战，需要构建稳定的数字安全体系，在网络、数据、数字基础设施等多个方面提供安全保障。构建稳定的数字安全体系可从技术层面和制度层面入手，具体如下。

- 在技术层面，提升安全技术水平，保证关键技术自主可控。

- 在制度层面，以关键技术、产品和数据为重点，围绕其安全问题实施相应的评估、监管和管理，围绕安全预警、主动防御、应急保障等安全防护措施，建立健全相关的体制机制，出台相应的法律法规。

数字安全体系还包括数字安全产业和数字安全人才，在体系建设的过程中同样需要对这两项予以足够的重视。另外，数据安全与反垄断有着紧密的联系，而反垄断已被纳入国家战略层面。在数字安全体系中需要贯彻反垄断战略，严厉打击垄断行为，引导平台和企业以正确的方式运用大数据，以正确的方式展开竞争。

（3）数字低碳化：推动数字经济可持续发展

数字经济对于我国贯彻和实施"双碳"目标有着积极意义，发展数字经济有助于减少污染，形成绿色低碳的发展模式。总体来说，可以从以下两个方面推进数字低碳化。

- 从数字产业本身入手，加大节能技术的研发力度，推出绿色环保的产品，促进节能减排，推动信息通信技术等数字产业向低碳化发展。

- 将数字技术应用于其他产业的低碳化转型，例如，可以借助大数据、人工智能等数字技术推动传统产业转型升级，精准监测碳排放和能源消耗，让资源的利用变得更高效。

（4）数字科技创新：促进数字经济良性循环

数字科技创新强调科技自主可控，发挥创新在发展过程中的引导作用，为产业协同发展和生态优化提供助力，保障数字经济长效发展。可以从技术、产业等多个方面入手，建设完备的数字创新体系，推动数字科技创新。

从技术层面出发，聚焦于关键技术，加大对关键技术的研发投入，力争实现重大突破；提前在前沿技术领域布局，形成先发优势。从产业层面出发，推进产学研用深度融合，形成相应的协同创新体系；以市场为导向，加快科技成果转化，持续推动科技创新产业化；重视发挥产业集群效应，鼓励数字产业的集聚和协同。

除了技术和产业这两个基本的着力点，推动数字科技创新还可以从人才、资金、政策和法规等方面入手，建立和完善与数字技术相关的人才机制，通过设立专项资金等方式为数字科技创新提供资金支持，出台相关的政策和法规以对数字科技创新起到鼓励和规范的作用。

03 数字经济的关键技术及应用

数字经济与产业的融合不断加深，由此形成的合力将在很大程度上促进我国经济高质量发展。数字技术是数字经济的基础。通过运用数字技术，企业能够更高效地管理资源、优化生产流程、提升服务体验等，从而提高经济效益。同时，数字技术还促进了新兴产业的发展，如电子商务、在线教育、远程医疗等。

5G、人工智能、大数据等都属于数字经济的关键技术，是数字经济所依靠的重要基础设施，拥有可观的市场规模。

（1）5G

无线移动通信系统的带宽不断扩大，能力也不断增强，服务于个人和行业的移动应用迅速走向成熟，这些条件的出现将在一定程度上改变移动通信的产业生态，5G不只是一种各项性能得到加强的空中接口技术，还是一种在客户和业务层面提供服务的智能网络。

根据3GPP[1]的定义，5G的应用场景包括增强移动宽带（eMBB）、超可靠低时延通信（uRLLC）、海量机器类通信（mMTC）三大方向，如图1-3所示。

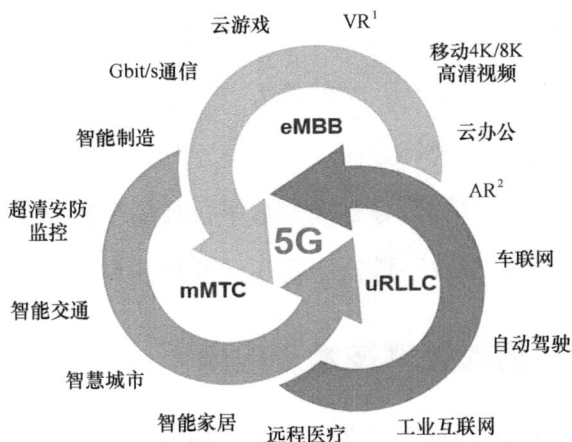

1. VR（Virtual Reality，虚拟现实）。
2. AR（Augmented Reality，增强现实）。

图1-3　5G的三大应用场景

● eMBB。相较于已有的移动宽带业务场景，eMBB提升了体验速率和接入能力，使人与人在通信时能够获得更好的体验感。在

---

1. 3GPP（3rd Generation Partnership Project，第三代合作伙伴计划）成立于1998年12月，是国际通信标准组织。

eMBB场景下，客户的体验速率在100Mbit/s～1Gbit/s，最高可达到10～20Gbit/s，相比4G最高10Mbit/s的体验速率，5G客户的体验感得到巨大提升。eMBB场景主要服务于流量需求较大的移动宽带业务，如移动4K/8K高清视频、AR、VR等。

● uRLLC。uRLLC场景的信息交互具有较高的可靠性和较低的时延，其中，端到端的时延能够达到毫秒（ms）级别。以工业互联网和自动驾驶这两项uRLLC场景面向的业务为例，前者的控制时延为10ms，后者的传输时延可达1ms。在uRLLC场景下，互联的物体在进行业务协作时，实时性、精密性和安全性得到了较好的保障。uRLLC场景面向的业务还包括车联网、远程医疗等。

● mMTC。mMTC场景下的信息交互主要发生在人与物之间，当连接密度较大时，此场景可以对信令控制能力做出优化，从而以更低的成本和消耗，以及更高的效率完成物联网设备的接入和管理。在mMTC场景下，连接设备的分布密度较大，每平方千米内的设备数量约为100万台。mMTC场景主要面向与智能化有关的业务，包括智慧城市、智能家居、智能制造等。

（2）人工智能

人工智能在新一轮科技革命和产业变革中能够起到关键的驱动作用，可以为我国经济的高质量发展提供重要推力。根据《中国新一代人工智能科技产业发展报告2024》，2023年我国人工智能核心产业规模达到5784亿元，与2022年相比增长13.9%。2020—2023年中国人工智能核心产业规模如图1-4所示。由图1-4可知，我国的人工智能产业正处于高速发展阶段，未来还有很大的市场空间。

单位：亿元

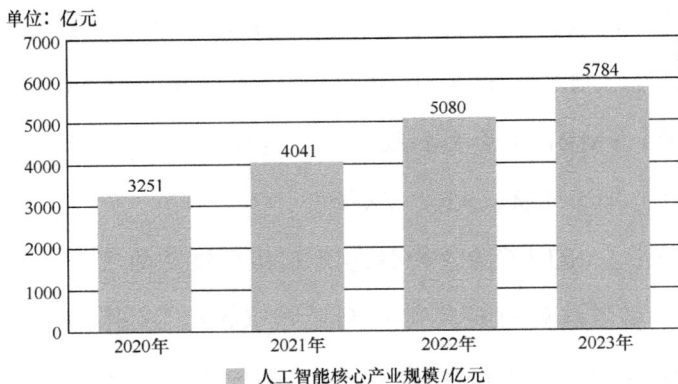

图 1-4　2020—2023 年中国人工智能核心产业规模

数据来源：中国信息通信研究院。

　　人工智能技术通过与各个领域融合推动其智能化的进程，在交通、医疗、教育、城市安全等与人们生活密切相关的领域实现智能化，给人类生活带来极大改变。在人工智能技术的帮助下，人与智能机器之间得以使用更加多元和自然的方式进行交互，与此相关的智能终端的普及程度将持续上升。随着人工智能技术的广泛应用，信息技术基础设施层面发生了很大的变化，中央处理器、操作系统、数据库等设施的重要性慢慢降低，而与人工智能技术相关的芯片、算法、云服务、深度学习框架等则占据更加关键的位置。

（3）大数据

　　在数字经济中，大数据是一项关键的生产要素。提高数据资源的利用效率，建立开放的数据生态体系，能够更加充分地释放数据价值，推动大数据与各个领域融合，引导传统产业向数字化转型升级，形成新模式和新业态。

　　在制造业领域，可运用大数据监测和评价生产制造过程，并进行相应的调整。大数据可以诊断和预测设备或产品存在的故障，对工艺、能耗、供应链、生产计划等进行分析和改进。

在金融领域，大数据分析能够创造出新的金融服务，提高金融行业的效率，例如，将大数据分析用于高频交易、社交情绪、信贷风险等场景。

在农业领域，大数据可以参与生产、经营、服务等环节，提高农业生产效率和生产质量，农业领域运用大数据形成的新业态包括智能农机系统、农情大数据监测系统等。

除上述提到的技术外，云计算、物联网、数字孪生等技术也与数字经济密切相关。例如，云计算能够为各领域提供各种云工具和云服务，帮助各行业更加顺利地实现数字化转型升级，更好地发挥数据这一关键生产要素对数字经济发展的推动作用。

04　加快完善数字经济治理体系

随着数字经济规模不断扩大，应建立完善的数字经济治理体系，切实提高数字经济治理能力，而这需要参照数字经济的特点、发展规律及发展趋势。形成数字经济治理体系是提升国家治理能力现代化的体现，对数字经济的发展起到规范和引导作用。

数字经济涉及线上和线下两个领域的融合，需要用到海量的数据，同时，与数字经济有关的创新创业活动正处于蓬勃发展状态，市场结构比较复杂。上述种种因素决定了数字经济的治理是一项全新且具有较大挑战性的任务，因此不能简单套用传统的经济治理方式。可从以下3个方面入手来提升数字经济治理的现代化水平。

（1）加快推进治理体系的数字化建设

运用数字化手段，建立联动监管系统，这一系统由多种体系和机制组成，分别履行监测预警、信息披露、大数据征集、社会评价、数据共享等职能。基于大数据平台，构建全方位、多层次、立体化的监管体系，在每个环节、每个阶段、每个模块实施有效监管和治理。此外，依托数字技术构建大数据分析系统，建设国家级统一信息服务数据库，实时了解和掌握数字经济的发展状况，形成更加完善的数字经济治理模型，实现更加精确、方向性更强的数字经济治理工作。

（2）持续强化治理体系的法治化建设

数据这一关键生产要素的价值化对数字经济发展来说非常重要，数据价值化中的环节会产生新情况和新问题，为此应颁布相关的法律法规，推动数字经济高质量发展。同时，应将网络空间纳入社会治理的覆盖范围，坚持法治理念，清除网络空间中不和谐、不健康的内容，建设清朗的、积极向上的网络空间。此外，应注重保护与数字经济相关的知识产权和专利，保证数字经济的合法成果不受侵害，从法治层面为数字经济的发展筑起牢固保障。

（3）着力构建协同共治的多元化治理体系

多元化治理体系的参与主体包括政府部门、行业协会、平台企业等，各参与主体应明确并履行自身的职责和义务。

政府部门既要履行好监管职责，也要尽可能多地为企业的快速发展创造有利条件，因此，要确立适当的监管范围，保证政策取得良好效果；行业协会应制定明确的行业标准，以对平台企业的行为起到规范作用；媒体和社会各界要积极履行舆论监督职责，从社会舆论上对企业形成有效约束，让企业意识到失信和违法将付出重大代价，督促企业诚实合法经营。此外，数字经济治理将着力打造数字政府，发挥政府在治理过程中的主导作用，形成新的公共服务模式，以取得更好的治理效果。

第 2 章

新质生产力：
数字经济的核心要素

2024年《政府工作报告》提到，大力推进现代化产业体系建设，加快发展新质生产力。充分发挥创新主导作用，以科技创新推动产业创新，加快推进新型工业化，提升全要素生产率，不断塑造发展新动能新优势，促进社会生产力实现新的跃升。

01　新质生产力和数字经济之间的关系

新质生产力是一种以创新为主导，以全要素生产率提升为核心标志的先进生产力，具有高科技、高效率和高质量等特点。它的出现通常伴随着技术的革命性突破、生产要素的创新性配置和产业的深度转型升级。

数字经济是一种具有创新性、渗透性和覆盖性的新型经济形态，通常以数据为生产要素，其发展依托于数字技术、数字平台和数字创新，能够推动实体经济实现高质量发展，同时也可以为新质生产力的发展赋能。

新质生产力和数字经济之间联系紧密，新质生产力的核心是数字化和智能化，数字经济以数字技术创新为核心驱动力，二者之间高度契合。

（1）新质生产力推动数字经济创新发展

新质生产力为数字经济实现创新发展提供创新资源和创新动力，

具体来说，主要体现在以下3个方面。

① 创新数据要素，提供数据源泉

数据是数字经济的生产要素，影响着数字经济的发展水平。为了推动数字经济发展，应充分发挥新质生产力的作用，采集、存储、处理、分析和应用各项创新数据，并扩大数据规模，提高数据质量，增加数据供给，促进数据流通、开放和共享，拓展数据应用和服务，在数据层面为数字经济的发展提供强有力的支持。

② 创新数字技术，提供技术支撑

数字技术是数字经济实现创新发展的核心驱动力。新质生产力的发展能够扩大数字技术的应用范围，提升数字技术在功能上的多样性，进而达到在技术层面为数字经济提供支撑的目的。

③ 创新数字平台，提供平台载体

数字平台是数字经济的重要载体。借助新质生产力对数字平台的设计、构建和运营等进行创新，能够进一步扩大数字平台的规模，提高数字平台的质量，丰富数字平台的种类，优化数字平台的服务，提升数字平台的价值。

（2）数字经济促进新质生产力转型升级

数字经济的发展能够推动数据要素、数字技术和数字平台等与实体经济相融合，为新质生产力的转型升级提供支持。具体来说，数字经济对新质生产力转型升级的驱动作用主要体现在以下3个方面。

① 促进数据要素转型升级

数字经济的发展能够提高数据的开放性、共享性、可用性和流动性，促进数据交易，提升数据的供需匹配程度，充分发挥数据的价值，催生新产业、新模式、新动能。数据打破了传统生产要素的质态，是形成新质生产力的重要生产要素。

② 促进数字技术转型升级

数字经济的发展能够提高数字技术的融合性和创新性，丰富数字技术的应用场景，通过提高生产效率、提升产品质量、降低生产成本等为新质生产力的发展注入新的动力。

③ 促进数字平台转型升级

数字经济的发展能够丰富数字平台的功能，提高数字平台的效率和服务水平，扩大数字平台的服务范围。数字平台是数字技术和实体经济深度融合的关键支撑，通过驱动产业高端化、智能化、绿色化转型升级，为加快发展新质生产力提供强劲动力。

（3）共同提升经济社会发展的质量和效益

新质生产力和数字经济能够充分发挥数据要素、数字技术和数字平台等数字化工具的作用，助力我国经济社会高质量发展，具体来说，主要体现在以下3个方面。

① 为经济增长提供新动能

新质生产力和数字经济的发展有助于推动产业转型升级，促进传统产业向数字化、网络化、智能化的方向发展，同时也能够催生出许多新兴产业，例如，数字服务业、数字农业等，进而有效提高产业的生产效率和价值创造能力，优化生产结构，减少在生产方面的成本支出，提高经济效益，驱动经济社会实现高质量发展。

② 为社会进步提供新动力

新质生产力和数字经济的发展能够有效优化社会公共服务和社会

治理，促进社会进步。

在社会公共服务方面，新质生产力和数字经济的发展催生出多种数字化社会公共服务，例如，数字教育、数字医疗、数字文旅、数字政务等，社会公共服务的数字化升级能够扩大覆盖范围，显著提升服务效率，为人们的日常生活提供更多便利。

在社会治理方面，新质生产力和数字经济的发展催生出多种数字化治理方式，例如，数字安全、数字法治、数字环保和数字扶贫等，提高了社会治理的协同性、智慧性和精准性，治理效果得到显著提升。

③ 为人民幸福提供新源泉

新质生产力和数字经济的发展能够为人们的生产生活提供方便，进而提高人们的幸福感。

在消费方面，数字购物、数字娱乐、数字旅游、数字健康等新型消费方式，大幅提升了消费的多样性和智慧性，能够充分满足消费者的个性化需求，提高消费者的消费质量和对消费的满意程度。

在就业方面，新质生产力和数字经济的发展能够为人们提供更多的工作机会，大幅提高了就业的灵活性、多样性和创新性，同时也为人们增加收入提供了更多可能。

在创业方面，人们可以借助数字平台、数字众筹、数字孵化器等数字化手段和数字化工具来提升自身的创业价值，进而实现低成本、高效、便捷创业。

此外，数字公益、数字志愿、数字民意和数字社区等，能够提升人们参与社会活动的积极性和主动性，激发人民群众的主人翁精神。

02 数字技术——新型劳动者

从本质上来看，生产力是人在改造自然的生产活动中形成的综合能力，能够反映人与自然之间的实践性关系，随着人类对自然的认识程度的加深和科技的发展，生产力也在不断进步。马克思指出，"生产力，即生产能力及其要素的发展"。具体来说，生产能力主要涉及劳动者、劳动资料和劳动对象这3项内容，具有驱动人类社会进步的作用；科技是第一生产力，也是生产力系统中的重要组成部分，科技的进步可以有效促进生产力的发展。

大数据、云计算、人工智能和移动通信等技术在科技革命和产业变革的过程中发挥着重要作用，我国可以借助数字技术的力量打造基础平台，为发展新质生产力提供技术支持。为了全面建成社会主义现代化，我国需要进一步扩大数字技术应用范围，提高新质生产力发展的速度。近年来，基于人工智能等数字技术的各类智能装备在生产活动中的应用越来越多，劳动者的内涵和外延得到进一步拓展。同时，智能装备也可以提高生产的标准性、便捷性，并在此基础上实现精细化生产。

未来，随着科技的进一步发展，数字技术也将优化升级。基于数字技术的劳动者具有数字化和智能化的特点，能够在一定程度上代替人类处理各项工作，将人类从繁重复杂的工作中解放出来，投入更具创新性的工作中，从而充分发挥人力资源的价值，提升就业质量和就业水平。

（1）复杂劳动拥有更高的价值创造能力

随着数字经济的发展，生产、分配、交换、消费之间的联系日渐紧密，社会化生产的系统性不断增强，各项生产要素开始快速流通并相互融合，劳动者执行任务的复杂度也随之提高。在各项数字化、智能化技术的作用下，复杂劳动呈现出较强的创新性、全域性和交叉性。

对劳动者来说，为了完成各项复杂任务，需要充分发挥数据要素、数学模型等数字化工具的作用，快速推进物质生产和精神生产工作，进一步提升全要素生产率。第一次工业革命后，工业生产实现了机械化，人们开始使用机器从事生产，这不仅在一定程度上解放了人力，也大幅提高了生产力；进入数字时代，各类智能化技术飞速发展，并逐渐被应用于各个领域，人们可以利用各种智能化工具完成部分劳动，进而达到解放生产力的目的。

即便各类机械化和智能化工具的应用日渐广泛，生产也离不开人的参与，人的体力和脑力使用场景从真实的物理空间转移到虚拟的数字空间，人力资源不再被大量投放到各种烦琐的劳动中，而是用于完成更具价值和创新性的工作。由此可见，未来，劳动力市场对非重复性认知技能和社会行为技能的需求越来越大，复合能力将成为劳动者在整个劳动力市场中的核心竞争力。

（2）培养智能时代的复合型人才

数字经济时代，生产体系内各项技术之间的界限逐渐消失，生产过程对复合型人才的需求日渐增加。得益于庞大的人口总量和完善的基础教育体系，我国的研发人员总量一直处于世界领先地位，"研发人员全时当量"是国际通用的用于比较科技人力投入的指标，2012—2022年中国研发人员全时当量如图2-1所示。

单位：万人/年

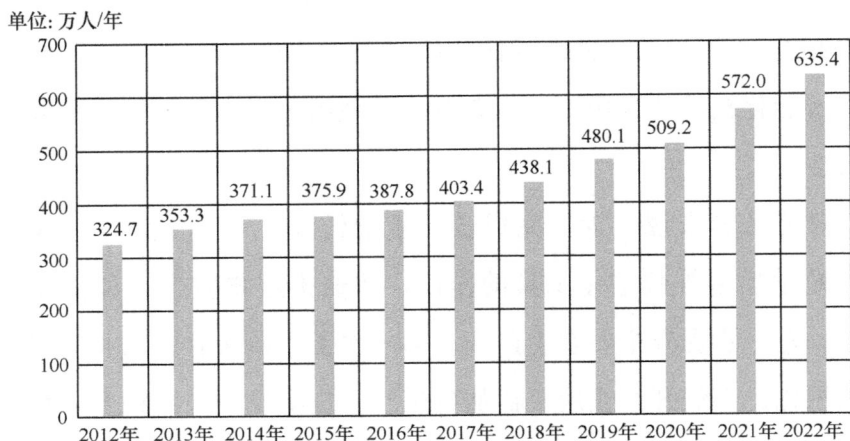

图 2-1　2012—2022 年中国研发人员全时当量

数据来源：科学技术部。

因此，应建设数字教育平台，针对各个教育阶段的学生开发数字素养课程，培养复合型人才。学生可以通过数字教育平台学习数字技术的相关知识，提升可持续学习能力，同时，也可以利用数字教育平台对学习者进行数字技能培训，提高学习者的数字技能应用能力。

（3）推动新型劳动分工的跨时空协同

近年来，大数据、物联网、移动通信等数字技术飞速发展，打破了时间和空间的限制，让劳动者可以随时随地通过网络来处理各项工作，与此同时，岗位和职能不再是劳动者开展合作活动的阻碍，劳动力的网络化水平也在不断提升，劳动者可以通过网络实现大范围的团队协作和跨界合作。不仅如此，企业治理结构也开始向网络化、虚拟化和扁平化的方向发展，这有助于加强部门与部门、企业与企业、企业与产业，以及产业与产业之间的交流协作。

数字技术的应用为企业办公提供了方便，具体来说，企业员工可以借助数字技术实现在线办公和无界办公，同时，数字技术也能够为企业办公提供云端服务，打破时空对工作的限制，从而进一步提高工作的效率和便捷性。除此之外，数字技术还可用于构建虚拟的作业环境，让各个区域、各个产业链中的企业都可以在虚拟环境中进行交流协作和信息共享，助力企业实现创新发展。

03　算力算法——新型劳动资料

开放的技术体系是数字经济业态重塑的重要支撑，能够支持各个产业在数字经济时代实现数字化和智能化转型。具体来说，这一开放技术体系中包含多种新型数字基础设施，涉及工业互联网、工业物联网、云计算、边缘计算等多种先进技术。

新型基础设施中融合了新技术和新业态，能够计算和分析各项相关数据，并在此基础上充分掌握新需求，打开新市场。具体来说，新型基础设施可分为信息基础设施、融合基础设施和创新基础设施三大类，如图2-2所示。从实际操作上来看，我国需要依次从政府、市场和社会层面入手，按部就班地推进新型基础设施和线上平台建设工作，推动电商经济、平台经济和线上经济协同发展，并大力发展产业互联网。

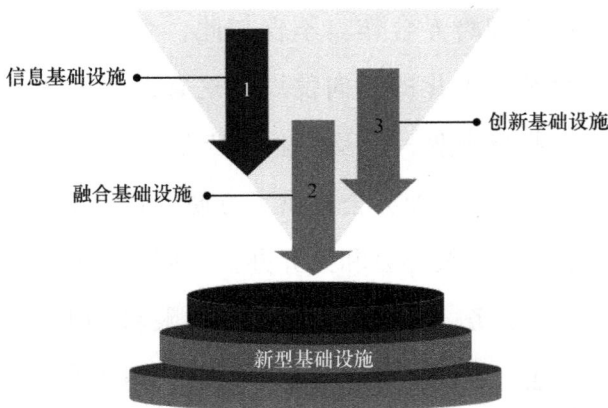

图 2-2　新型基础设施的分类

（1）算法：数字经济时代的重要生产工具

在数字经济时代，算法是数字经济时代的重要生产工具，能够在一定程度上体现生产力的优势。充分发挥大数据、云计算等数字技术和数据处理工具的作用，并借助数学模型、统计方法等工具来分析处理各项相关数据信息，从中挖掘出所需信息，能够为企业的价值创新和商业模式革新提供支持。

算法是一种以数据和规则为基础的计算过程，能够在数字经济时代以模型化的方式发现物理世界的运行规律，并在虚拟空间中对制造过程进行优化升级，进而实现对物理世界中实际运行过程的优化。算法代码化是指各类以算法为基础的软件，这些软件是发展数字经济和新质生产力的过程中必不可少的工具、要素和载体。

具体来说，算法主要具备以下3项作用。

① 解决问题

算法中包含许多计算步骤，具有较强的计算能力，能够找出各项数据之间的关系和规律，对输入数据进行处理，并输出数据处理结果，提高服务的精准性和个性化程度，进而达到解决问题的目的。

② 提高效率和准确性

算法可以与数据挖掘和深度学习等智能化技术协同作用，提高程序的智能化程度，赋予程序更高端的功能，进而提高效率、准确性和便捷性，减少时间成本，避免资源浪费，获取更大的价值。

③ 智能运作和创新

算法中融合了场景、关键数据应用，以及数据的自动化处理与应用等，既能够实现智能化运作，也能够通过创新获得新的发展机会。就目前来看，算法已经被广泛应用于风险控制、股票交易、医学成像和疾病预测等行业，能够有效提高工作效率，助力行业发展。

算法在数字经济的发展过程中发挥着重要作用，能够促进业态创新发展，同时也能够创造大量新的就业需求和就业方式，为就业市场带来活力，起到促进就业的作用。以算法在互联网内容产业中的应用为例，算法催生出短视频等多种新兴产业形态，提高了互联网内容的多样性，创造了新的人才需求和就业岗位。此外，算法还可以在制造业、服务业、农业等多个行业中发挥作用，以共享为基础打造新的经济模式，推动行业创新发展。

（2）算力：数字经济发展的重要驱动力

在数字经济时代，数据处理需求不断增加，各行各业可以充分发挥各项基于算力的功能作用，例如，推荐系统算法、搜索引擎的索引算法、商业智能数据挖掘等，分析处理各项数据信息，以提高数字经济发展速度，促进数字技术与实体经济的深度融合。

算力即计算能力，是基础设施的支撑，是新质生产力的关键要素，也是数字经济的底层逻辑，作为一项重要的数字生产力，能够为数字经济的发展提供强有力的支持。算力产业链相关行业及逻辑关系框架如图2-3所示。现阶段，算力已经被应用于科学预算、数据处理和人工智能等多个领域。

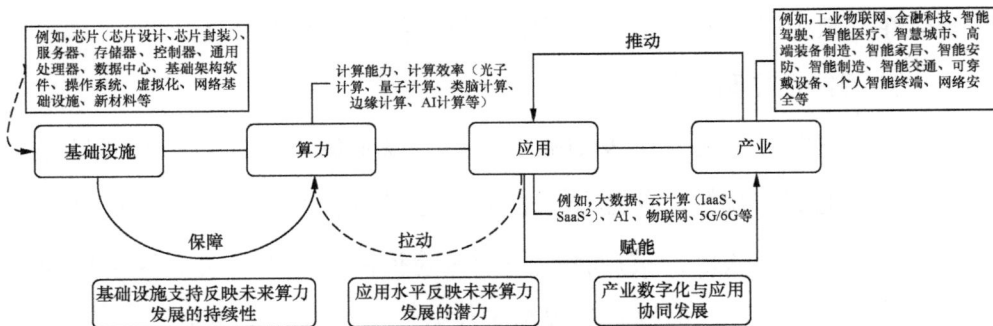

1. IaaS（Infrastructure as a Service，基础设施即服务）。
2. SaaS（Software as a Service，软件即服务）。

图2-3 算力产业链相关行业及逻辑关系框架

近年来，5G、物联网、区块链、人工智能等技术飞速发展，算力在新兴技术的支持下，对人们的日常生产和生活产生了较大影响。例如，云计算和分布式计算平台能够通过集成算力的方式来提高计算能力，并利用不同设备的算力充分满足各个应用场景的需求。

应对算法进行优化升级，进一步提高计算速度，并将算力作为核心生产力应用到各个行业。同时，大力发展计算产业，优化完善数据中心、智算中心等算力基础设施，并充分利用这些设施来推动数字经济快速发展，助力产业转型升级。

04 数据要素——新型劳动对象

数据是数字经济发展过程中不可或缺的一项生产要素，具有可复制性、非竞争性、互补性、外部性、指数级增值性等特点，能够在生产过程中发挥重要作用，数据的主要特点如图2-4所示。

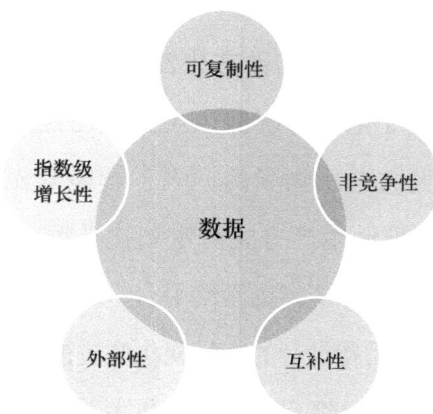

图 2-4 数据的主要特点

具体来说，数据要素的可复制性和非竞争性能够有效防止数据资源出现短缺的问题，在数据层面为各项生产活动提供持续性的支持；数据要素的互补性能够集成大量来源各不相同的数据，提升数据源的边际价值和各项要素的协同性；数据要素的外部性可支持数据共享，能够为产品研发和服务优化提供支持，实现高效率的生产流程；数据要素的指数级增长性能够支持数据实现自我增值，让数据不断增多，数据规模不断扩大，进而助力经济实现可持续发展。

数据要素在数字经济发展中的作用主要体现在以下3个方面。

（1）催生新型劳动对象的非物质化趋势

劳动对象是人们在劳动过程中加工处理的物质资料，可用于衡量社会生产力发展水平，也具有满足社会需求的作用。近年来，各类高新技术飞速发展，劳动对象的类型越来越丰富，从业数量也越来越多，与此同时，数据要素的应用日渐广泛，劳动对象的非物质化特征也越来越明显，高新技术化程度越来越高，为生产领域的升级发展提供了强有力的支持。

（2）促进新型劳动对象的动态化发展

随着市场的不断变化，传统的生产方式已经无法充分满足市场需求，企业需要利用大数据、物联网、人工智能等先进技术来提高生产制造的柔性化程度，推动生产方式向定制化转型。

从实际操作来看，企业应借助网络平台广泛采集客户反馈信息，并据此实时优化自身产品，提高自身的市场变化适应能力，以及供给与需求之间的匹配度，以便充分满足客户需求。在数字时代，企业应充分发挥数字化、自动化等技术手段的作用，减少产品生产环节的时间成本，实现高精度、高效率生产，为客户提供高质量、多样化的产品。

（3）提升新型劳动对象的绿色生态化水平

数字技术的应用有助于提高产业的高效性和绿色化程度，减少资源消耗和环境污染。在生态治理方面，数字技术的应用可以有效减少企业在信息采集方面的成本支出，提高资源配置效率、识别精度和生态环保问题追踪的速度，增强生态环境治理的科学性和系统性，推动经济实现绿色化、数字化发展。

从实际生产中，企业可以利用各项数据要素来减少生产过程中产生的废弃物，大幅提升全要素生产率，并将数据要素与各项高新技术融合，提高劳动对象的绿色化程度，创新和应用绿色合成材料，加强新能源的开发和利用，打造资源节约、绿色低碳、可持续发展的现代化生产体系。

第 3 章
新质生产力和数字经济的融合机制

在我国，发展新质生产力已经成为推动经济社会高质量发展的内在要求和重要着力点。发展新质生产力不仅要从技术层面入手，也要着眼于体制创新。有效的体制机制是促进数产融合的重要保障。应发挥有效市场与有为政府的作用，推进数字技术与实体经济深度融合，发展低碳经济，打造高水平人才队伍，把数字经济发展权牢牢掌握在自己手中。

01　顶层设计：有效市场与有为政府

顺应数字经济这一全球性趋势，世界各国纷纷加快数字技术领域布局，以期在数字经济的发展中占得先机。世界范围内的技术竞争对数字技术的创新及应用产生了巨大影响，也在全球数字价值链的构建和发展过程中发挥着关键作用。

党的十九届四中全会指出，坚持全国一盘棋，调动各方面积极性，集中力量办大事是我国国家制度和国家治理体系的显著优势之一。为此，应加强创新驱动发展的顶层设计，做到中央和地方之间权责清晰，强化政府与市场的协同配合，推动传统产业、新兴产业与未来产业协调发展，营造健康发展的社会环境。

在不同的创新阶段，政府和市场将发挥不同的作用，如图3-1所示。"从0到1"的基础研究和原始创新研究需要集中投入，政府的财政投入将为此类研究提供主要支持，同时为进一步加大投入力度，也鼓励社会资本参与。"从1到100"的技术开发则需要政府和市场的共同推动，在这一阶段，政府的财政投入更多起到引导的作用，服务于实际需求，推进技术的创新与应用。在"100以上"的产业化应用中，市场将发挥主要作用，利用金融和风险投资等手段为科技创新和产业发展提供支持，形成一定的产业规模，提升产业竞争力。

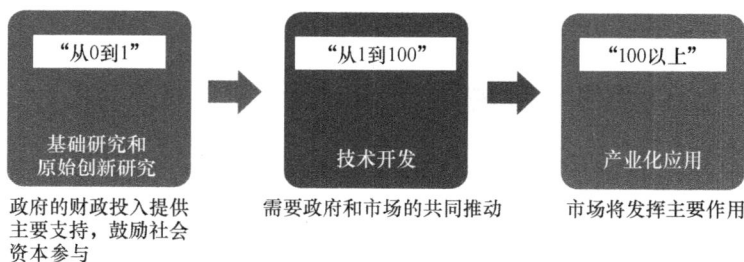

图 3-1　不同创新阶段的配置

要激发创新潜能，应从资金层面和政策层面入手，而基础研究和原始创新研究尤其需要政策层面的引导。基础研究解决的是从无到有的问题，从研究到应用再到生产是一个完整的链条，需要经历一个较长的科研周期，无法在短期内转换成实际收益。因此，在推进基础研究和原始创新研究的过程中，政府将发挥主导作用。

面对日趋激烈的国际竞争，我国需要力争在高端芯片研发、软件开发等关键产业领域取得突破，掌握技术自主权，提升数字经济的整体发展水平。在技术创新方面，聚焦于关键性技术研究，布局前瞻性技术研究，加快核心技术攻关进度；在产业建设方面，充分利用国内市场的巨大规模，建造具备国际竞争力的产业基地，形成高端核心产业集群。以基础产业为支撑，还需要在数字存储能力、数字计算能力、数据资源体系等方面取得进展，从云计算、量子计算等领域入手推进新型基础设施建设，实现数字技术与实体经济的深度融合。

在数字经济的发展过程中，应通过体制改革和政策引导为科技创新提供支持。在企业层面，国有企业应发挥带头作用，积极开展关键技术和核心技术的研发，民营企业应发挥技术应用和产业发展的推动作用。在政府、企业及社会各界的共同努力下，技术创新和产业建设将取得重大进展，我国将加速迈向数字强国。

02　数实融合：催生新产业、新模式

数实融合是指数字技术与实体经济的深度融合，这种融合既体现在技术层面，即通过数字赋能加快技术的进步，促进生产力的提升；又体现在生产关系和业务模式层面，即通过利用数字技术和数据资源，推动新业态新模式的形成。在这一过程中，借助大数据、云计算、人工智能等数字技术，能够更好地推动传统产业转型升级，发掘新的经济增长点，提高生产效率，为经济社会发展注入创新活力。

随着"数字中国"建设的不断推进，数实融合已经覆盖我国的制造业、农业、服务业等多个领域，不仅革新了传统产业的生产和经营方式，还催生出智能制造、智慧农业、在线教育、远程医疗等新业态新模式。此外，政府也对数实融合予以高度重视，并采取一系列措施支持其发展，例如，做好制度供给与政策配套、通过税收政策为企业提供资金支持等。总而言之，数实融合正成为推动经济高质量发展的重要引擎。

（1）数实融合是新质生产力的重要发展路径

数实融合为科技创新、技术进步提供了有利条件，推动数实融合能够为新质生产力的发展提供重要的驱动力。

首先，数实融合通过数字技术在生产流程中的应用改变了传统的生产方式，同时作为先进技术的载体促进了生产力的进步，提升了全要素生产率。例如，在制造业中引入智能数控机床、工业机器人等智能制造工具，能够实现无人化、数字化生产，大幅缩短产品制造周期，同时提升产品制造质量。通过应用大数据分析和人工智能等数字技术，能够实现对市场需求的准确预测，及时获取供应链信息，推动供给侧与需求侧精准匹配，为企业经营提供指导，减少资源浪费。此外，基于云计算、物联网等数字技术能够提升生产的灵活性，实现透明化生产，为柔性制造和远程运维创造条件。

其次，数实融合能够有力地推动产业结构升级。数字技术与传统产业的融合，可以加深产业之间的协同配合，延长产业链，推动供给侧结构性改革，激发新的消费需求。例如，在农业领域引入智能化农机、精准农业管理系统等，能够提升农业生产率，使农业产业发展更加多元化、立体化。

再次，依托于数字技术，智能制造、数字服务等新兴产业得以迅速发展。此外，数实融合还推动了产业之间的跨界融合，例如，智慧城市、数字医疗等，为经济发展过程中的价值创新提供了有利条件，有利于构建新的经济发展格局。就企业而言，数实融合不仅能够提升其生产效率，为其创造新产品、新流程、新模式，同时让其能够在市场竞争中获得更多的优势。通过应用数字技术，企业能够预测市场趋势、收集客户偏好信息，更好地把握客户需求，实现产品与客户需求的精准匹配；企业还能够及时收集、分析企业内部管理的各项数据，提升决策的效率和有效性。

（2）数实融合为新质生产力的发展提供助力

随着5G、物联网、人工智能等数字技术的广泛应用，其对生产力的推动和生产关系的革新作用将进一步凸显，数实融合将进一步向纵深发展，为新质生产力的发展提供更多助力。

一方面数实融合将变革已有的生产模式，使其向智能化、无人化、数字化方向发展，助力经济发展提质增效。另一方面，数实融合从各个角度融入人们的日常生活，改变人们的工作和生活方式，例如，通过智能网联汽车，人们的出行体验将得到提升，能够在出行过程中开展更多活动；通过远程医疗，人们求医治病将不再需要千里跋涉，治病问诊的效率将大幅提升。但是在这个过程中，需要充分重视数据的安全和隐私保护问题，从技术层面提升安全隐私保护能力，从政策方面做好数实融合的配套保障。

政府和企业作为推动数实融合的两大主体，应积极采取措施推动数实融合进一步深化，通过强化制度供给、提供税收优惠、加强技术研发等措施推动数字技术与实体经济高效、快速融合。此外，政府和企业应积极推动产业之间的跨行业、跨领域融合，打造产业集群，建设资源、技术交流共享平台，构建区域数实融合统一大市场，实现应用场景创新，释放经济发展过程中蕴藏的巨大产能。总而言之，数实融合能够形成叠加效应、聚合效应和倍增效应，推进数字产业化和产业数字化进程，为持续推动经济高质量发展、构建新发展格局贡献强大力量。

随着新一轮技术革命的到来，更多的颠覆性技术创新将进一步激发数实融合在推动经济发展和社会进步方面的巨大潜力，推动其应用覆盖面不断扩大，助力我国完成现代化经济体系的建设。在持续不断的技术探索和应用场景创新之下，数实融合将带我们走向一个智能化、数字化、高效化的未来，推动全球经济的绿色、健康、可持续发展。

03　低碳经济：数字化、绿色化转型

绿色化转型是全球性的发展趋势，代表了新的发展需求，新质生产力与绿色化转型的全球趋势相契合，强调了可持续发展的重要性。

发展新质生产力和数字经济，需要在科技体系中引入绿色发展理念，在科技创新的推动下实现绿色化转型。基于绿色创新技术建设绿色低碳产业，形成绿色低碳经济体系，采用绿色低碳技术和绿色生产力工具，加强生产活动中的生态环境管理，有效降低经济活动对环境的影响，促进经济社会可持续发展。

以数字化、绿色化转型推进新质生产力发展，需要切实推动科学、技术、市场等多个领域的变革，以科技为支撑，构建产业体系，发挥区域间的协调作用，形成制度性保障。发展低碳经济的基础如图3-2所示。

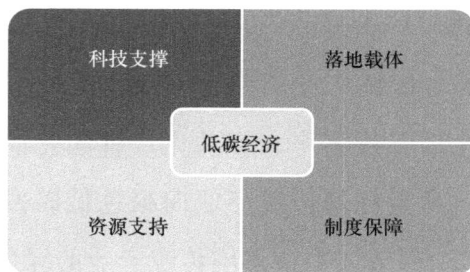

图 3-2　发展低碳经济的基础

（1）科技支撑

① 强调科技创新的综合性和前沿性

部分创新主体的目光局限于数字化转型本身，没有充分理解数字科技与能耗之间的联系，这将对环境成本和经营成本产生影响。在数字科技研发和绿色低碳应用之间应建立更加紧密的联系，形成一条完整的创新链，通过数字和绿色的有机融合打造综合性技术，达到降低能耗、提升能效的应用效果。

② 具备前瞻性的战略眼光，把握转型的技术方向

针对数字化、绿色化发展，制定转型发展纲领，将可持续发展作为转型目标，专注于重点领域，积极抢占产业新赛道，加深前沿科技领域的积累，为转型提供支撑。

③ 完善学科体系，加强人才培养

针对转型需求，推进基础研究和应用研究，形成与转型有关的学科体系和研究体系，强化科研部门与产业部门之间的合作，推动科研成果向产业转化。构建资源平台，整合大量数字资源，提供更多学习技能的机会，大力培养转型相关领域的人才，形成科技创新和产业发展的人才保障。

（2）落地载体

加深数字技术与传统产业的融合，借助大数据、人工智能等技术，推动传统产业沿着数字化、自动化、智能化的道路实现转型升级。推进高污染、高能耗的传统产业向绿色低碳发展，从采购、制造、回收利用等多个环节入手，实施传统产业的绿色化改造，打造绿色生产链和绿色供应链，形成符合绿色低碳要求的经济体系。

在传统产业之外，数字产业也同样需要绿色化发展，对于大模型、区块链等能耗较高的数字产业，应借助算力和生产流程优化等方式实现绿色低碳发展，这体现了数字化和绿色化的有效融合。

（3）资源支持

根据各区域的经济条件，实现数字化、绿色化转型的合理区域布局。"东数西算"工程是数字化、绿色化区域合作的一个范例，利用中西部地区大量的绿色能源布局数据中心，形成充足的算力资源，以满足东部地区的算力需求，由此实现东西部的高效科技协同。

同时，要将基层工业园区作为数字化、绿色化转型的重要阵地。我国的基层工业园区数量众多、分布广泛，是新型工业化建设和新质生产力发展的重要抓手。因此，应根据数字化、绿色化的转型需求开展园区建设，引导园区发展，结合区域资源条件和发展状况科学规划园区布局，促进不同区域间的园区协同。

（4）制度保障

政府应积极发挥自身作用，履行监管职责，通过政策和资金支持鼓励创新活动，并引导创新主体之间加强合作，促进科技创新和产业应用，为数字化、绿色化转型提供动力。

数字化、绿色化转型需要多个部门的参与，治理体系各主体应加强配合，为绿色化、数字化转型提供保障。

04　人才创新：打造新型劳动者队伍

在新质生产力的发展中，人才和劳动者素质是关键要素。人才分为不同的类型，国家宏观战略规划的实现需要战略型人才，而高精尖技术的研发则离不开技术型人才。因此，必须重视人才队伍的建设，采用有效手段扩大人才储备，为新质生产力的发展提供重要支撑。

（1）培育科技创新后备人才

新质生产力的发展需要大量的创新人才，充足的人才储备是科技创新的牢固基础。2023年6月，新华社中国经济信息社发布《新一代人工智能发展年度报告（2022—2023）》，提到了我国人工智能行业的人才短缺问题，有效人员缺口达30余万。猎聘大数据研究院发布的《2023年人工智能行业人才浅析报告》显示，人工智能行业技术人才较为紧缺，如图3-3所示。

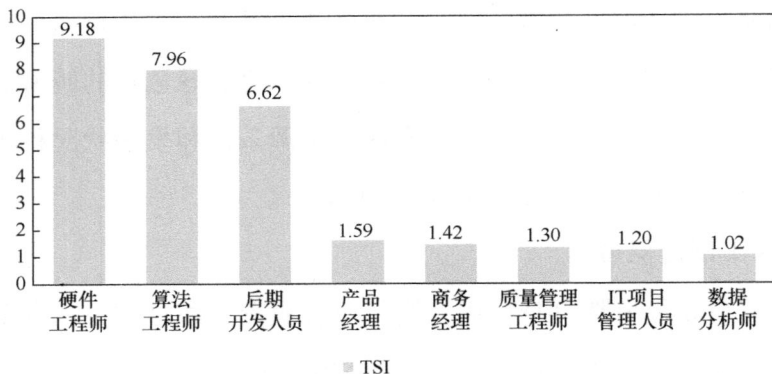

图 3-3　人工智能行业职能 TSI[1] 示例

创新链由科技研发、成果转换等多个环节组成，每个环节都离不开创新人才。对于一个国家来说，更充足的人才储备意味着更高的创新水平和创新效率，是提升国家科技创新竞争力的重要驱动力。

（2）完善职业教育培训体系

教育是建设人才队伍的主要手段，可将人口红利转变为人才红

---

1. TSI：Talent Shortage Index，人才紧缺指数。若TSI=1，表示人才供需平衡；TSI＞1，表示人才供不应求；TSI＜1，表示人才供大于求。

利。在数字经济时代，需要秉持素质教育的理念，切实提高教育质量，根据市场需求培育包括创新型、专业型、实践型在内的多种类型的人才，建立高素质人才队伍。

人才与职业之间应实现高度匹配，从个人层面看，能够做到人尽其才，拓展个人的发展空间；从职业层面看，能够更好地满足行业发展的需要，提升行业发展水平和社会整体的经济发展水平。应建立完备的职业教育培训体系，并从职业能力、职业规划、职业认知、职业流动等方面入手来提高人才与职业的匹配度。

- **提升职业能力**。通过完备的职业教育培训体系，培育符合行业发展需求的专业型人才。

- **制定职业规划**。建立职业指导体系，帮助人才找到能够最大程度发挥自身能力的职业。

- **塑造职业认知**。向人才提供详细的行业信息，包括行业的性质、发展现状、未来趋势等方面，让人才对自己从事的职业有更深入的了解。

- **促进职业流动**。合理的职业流动有利于人力资源的利用，也有利于发挥个人特长。

（3）产学研融合培养创新人才

产学研融合是培养创新人才的重要路径，具体来说，企业可以通过以下产学研融合模式培养创新人才。

- **与行业协会、科研院所展开合作**。通过产学研融合模式培养人才，服务数字经济的发展。借助数据库实现成果、人才、专家的共享，形成人才在本地的集聚效应，为数字经济和新质生产力发展建立强大的人才储备。

● **组织技能认证、数字化科普等活动。**借助多元化方式培养专业技能，开展技能的实践，提升人才的专业能力和实践能力。

● **与职业院校展开深入合作。**根据本地的经济现状和产业特色培养科技人才，形成服务地方发展的科技人才队伍。

● **建立线上人才交互平台。**与高校和科研院所之间建立交互关系，接纳更多专业创新人才，切实提升创新能力，取得更多的创新成果。

第二部分

数产融合篇

第 4 章

数产融合：
概念、内涵与底层逻辑

数字技术可以为实体产业注入新的活力，引导经济社会沿着数字化、网络化、智能化的道路不断迈进，实现经济结构转型升级。

01 数产融合的概念与内涵

目前，学术界与产业界对数产融合的普遍定义是农业、工业和部分具有生产性质的服务业生产过程的数字化。数产融合实质上是指将数字技术应用到产业流程中，利用数字技术为产业赋能，从而调整产业结构、优化生产流程、提高产业竞争力。

数产融合是新一轮国际竞争中提高产业生态位的关键，可从以下3个方面加快数产融合进程。

（1）提升数字产业发展水平

近年来我国数字经济行业发展政策不断完善，根据中国信息通信研究院与前瞻产业研究院提供的统计数据，2017—2022年，我国数字经济行业市场规模总共增长了23万亿元。2021—2023年国家层面数字经济行业发展政策见表4-1。

表 4-1　2021—2023 年国家层面数字经济行业发展政策

时间	文件/会议	内容	政策性质
2021 年 3 月	《中华人民共和国国民经济和社会发展第十四个五年规划和 2035 年远景目标纲要》	迎接数字时代，激活数据要素潜能，推进网络强国建设，加快建设数字经济、数字社会、数字政府，以数字化转型整体驱动生产方式、生活方式和治理方式变革	支持类

续表

时间	文件 / 会议	内容	政策性质
2021 年 3 月	2021 年《政府工作报告》	加快数字化发展，打造数字经济新优势，协同推进数字产业化和产业数字化转型，加快数字社会建设步伐，提高数字政府建设水平，营造良好数字生态，建设数字中国	支持类
2021 年 5 月	《数字经济及其核心产业统计分类（2021）》	将数字经济产业范围确定为：01 数字产品制造业、02 数字产品服务业、03 数字技术应用业、04 数字要素驱动业、05 数字化效率提升业这 5 个大类	规范类
2021 年 7 月	《新型数据中心发展三年行动计划（2021—2023 年）》	用 3 年时间，基本形成布局合理、技术先进、绿色低碳、算力规模与数字经济增长相适应的新型数据中心发展格局	指导类
2021 年 8 月	《法治政府建设实施纲要（2021—2025 年）》	及时跟进研究数字经济、互联网金融、人工智能、大数据、云计算等相关法律制度，抓紧补齐短板，以良法善治保障新业态新模式健康发展	支持类
2021 年 11 月	亚太经合组织第二十八次领导人非正式会议	要坚持创新驱动大方向，点燃数字经济新引擎，让数字技术的成果惠及更多亚太地区人民。要全面平衡落实《亚太经合组织互联网和数字经济路线图》，为创新和生产力发展构建开放、公平、公正、非歧视的环境	支持类
2022 年 1 月	《"十四五"数字经济发展规划》	到 2025 年，数字经济核心产业增加值占国内生产总值比重达到 10%，数据要素市场体系初步建立，产业数字化转型迈上新台阶，数字产业化水平显著提升，数字化公共服务更加普惠均等，数字经济治理体系更加完善	支持类
2022 年 12 月	《中共中央 国务院关于构建数据基础制度更好发挥数据要素作用的意见》	在数据产权、流通交易、收益分配、安全治理等方面构建数据基础制度，提出 20 条政策举措	指导类

时间	文件/会议	内容	政策性质
2023年3月	《数字经济核心产业分类与国际专利分类参照关系表（2023）》	加强对数字经济核心产业专利规模、结构、质量的统计监测，支撑数字经济创新发展，适用于各地方有关部门和社会各界结合实际需要开展相关产业专利统计分析工作	指导类
2023年10月	《数字经济和绿色发展国际经贸合作框架倡议》	成员间应营造开放安全的环境、提升贸易便利化水平、弥合"数字鸿沟"、增强消费者信任、营造促进绿色发展的政策环境、加强贸易合作、促进绿色和可持续发展、鼓励绿色技术和服务的交流	支持类

（2）促进数字技术赋能实体产业

实现数据要素的放大、叠加、倍增效应，体现数字平台的载体和中介作用，是利用数字技术为实体产业赋能的关键。

① 数字技术在实体产业中的应用

数字技术的迅猛发展逐渐在全球范围内掀起第四次技术革命的浪潮，生产要素在全球市场的重塑、业态的深度更新中成为新一轮国际竞争的关键。数字技术能够为实体产业提供更高效的生产工具，让生产信息的传递更加迅速和稳定，其应用能够扩大创新主体，激发创新活力，提高生产要素的投入产出比。总体来看，数字技术应用于实体产业，能够为产业形态带来多种可能，在多个领域引发全流程的产业变革。

② 数据要素在实体产业中的流通

数据要素的主要作用是调节、维系生产，数字技术参与生产后，产业链各环节的信息流通速度将大幅加快。优质、高效的数据要素能够增强与其他生产要素的联系，促进经济增长。数据要素价值的增长闭环如图4-1所示。

③ 数字平台发挥载体和中介作用

数字平台作为数字技术的载体，能够分享技术成果、促进业态创新，也能够优化资源配置、改进生产流程。数字平台通过信息共享，实现了各种生产要素在不同产业环节间的流通，让产业链更紧凑，让生产内容更灵活。

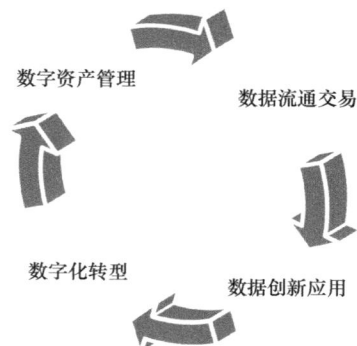

图 4-1　数据要素价值的增长闭环

（3）促进传统产业数字化转型

数字经济如果缺乏载体，自身发展不仅受限，也无法惠及其他产业。因此，数字经济只有依附于实体产业，才能最大程度地发挥作用。换言之，单纯的数字经济的业务内容并不丰富，起步阶段的市场规模也相对较小，发展潜力有待挖掘，其产业化将是一个长期的过程；而实体产业的数字化则立足于本就繁荣的实体经济，在数字技术的改造下将会迎来更加蓬勃的发展，拥有不可估量的价值。因此，从战略层面分析，应将数字经济看作其他产业的发展抓手，让数字化的生产模式成为不同生产环节之间的纽带，利用数字技术深度改造传统产业。

事实上，数字经济与传统经济本就是密不可分的，例如数字经济中最重要的数据要素，就是实体经济中必不可少的生产要素之一。生产的扩大与技术的普及让数据要素的价值逐渐被认可，而数据要素则对其他生产要素构成反馈，使其更加紧凑、简约、灵活，从而激励创新行为，提高生产率。

数字化是数字技术在实体产业中普及到一定程度后的必然趋势。

因此，如何使用数字技术、能否善用数字技术，决定了产业在数字化浪潮中能够达到的高度。

02 "数"与"产"的关系

随着数字技术的快速发展，我国数字经济建设成绩斐然，数产融合正稳步推进。一方面，数字经济的产业化正逐步加深，新兴产业的强大发展潜力使数字经济的规模不断扩大，生产过程更加规范，整体产业结构的优化升级不断推进；另一方面，传统产业中的数字化要素更加丰富，数字技术不断深入实体产业的每一个环节，推动国民经济实现高质量发展。

在数产融合中，"数"与"产"相互依存、相互协同、相互演进，如图4-2所示。

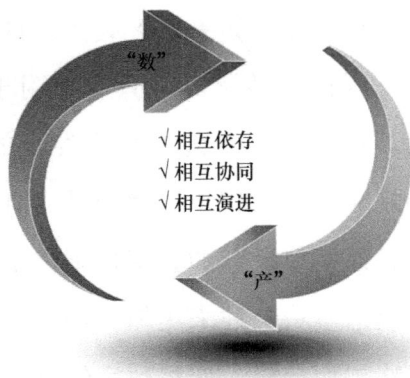

图 4-2 "数"与"产"的关系

（1）相互依存

一方面，传统产业的方方面面都需要数字技术的赋能，数字技术可以为传统产业的研发、物流、生产、服务等领域提供支持，并不断衍生出新的产业模式。而新的产业模式形成，能够使数字技术与产业链的结合更加紧密，显著提高生产效率。从这个角度来说，技术是生产的条件。另一方面，数产融合本就是在生产实践中不断完善的，生产过程中的技术实践为数字技术的应用提供了大量的数据反馈，这对数字经济本身而言也是一个筛选的过程。通过数据的反馈，推动新成果的应用，借此完成生产流程的迭代更新。从这个角度来说，生产是技术的基础。

（2）相互协同

一方面，某些企业在其发展历程中具备了数字技术基础，在数字产业环境中往往能抢占先机，提炼生产流程中的数据要素，将企业发展成为数字产业平台，优先引入外部的资金、劳动力、设备等生产要素，又作为产业链主将生产转移到外部环境中，形成正向反馈，带动其他企业的数字化转型。另一方面，数字化并非在某一特定阶段、针对某一特定企业而言的概念，而是席卷产业内外的浪潮，与每一个企业息息相关。对于企业来说，应利用数字技术重塑原本的生产流程，积极融入日新月异的市场环境，并应结合市场风向与企业特色谋求转型。数字化浪潮要求企业必须开启产业数字化进程，在这个维度上，数字经济与实体产业同样实现了协同合作。

（3）相互演进

一方面，数字产业无法脱离实体产业而独自发展；另一方面，数字技术在传统产业中的应用更加深入，数据要素将在生产中占据主导地位。因此，数产融合的浪潮还将持续，与数字化有关的理论、技术、业态将不断推陈出新。

前沿科技的发展为信息技术的迭代带来了可能，更高的信息传输速率能够支撑起更先进的数字技术，随着新技术成果的运用，生产流程也将会不断被优化，新生产模式的普及催生出新业务形态，成为新经济增长点。例如，无人超市就是零售行业的新业务形态，其诞生得益于监控、扫描、在线支付等数字技术的升级，其运作模式在5G技术普及之前是无法想象的。在未来，类似的数字技术将逐渐被大众了解、接受，届时，更多行业将迎来更加全面、深刻的变革。

03　数产融合的维度

数产融合更新了数据要素的传递方式，重组了生产要素的配置，主要从技术融合、业务融合和市场融合这3个维度深入影响生产。

（1）技术融合

产业的数字化过程会催生出许多新的经济模式与商业模式，其生产要素参与生产的先后和比重都不同，应用的技术种类也具有差异。多种产业形态的存在，能够提升产业多样性，同时强化不同产业环节之间的生产联系。

应用的技术种类不同，实际生产的流程也不同，经过生产实践，更高效的生产模式得以被筛选出来。例如，云计算技术可以实时记录生产数据，经过深度分析后，能够反馈、调节生产；通过云计算平台，数据模型能够在不同企业之间完成共享，带动整个行业的数字化水平等，这些优势让云计算技术逐渐在各个行业普及。此外，数字技术还能够促进技术知识与生产信息在不同企业之间流通，增强企业获取市场信息的能力。企业拥有对市场信息的感知能力，就能够明确自身在市场生态中处于什么位置，从而开展更有利于自身发展的市场活动。产业融合能够简化数据流通的过程，从宏观上来看，能够让产业不再孤立，增强了产业与产业、行业与行业间的联系。

随着数字经济对产业流程的改造，各个产业都必须在产业体系中找到新的位置，合作与融合将是新的市场环境的基调。为此，产业需要沿着数产融合的脉络，强化自身的核心竞争力，才能占据独特的市场生态地位。

（2）业务融合

数字经济合并了产业之间复杂的生产要素，实现了生产的专业化，除了提高产业效率，还能够升级原有的产业模式。通过建设数字平台，能够优化资源配置，促进土地、劳动力、资金等生产要素在不同企业之间流通，为中小企业提供生产条件，大幅提升行业整体的数字化水平。此外，数字平台还能精准对接供需双方，缩短生产销售周期。

在传统的商业模式下，企业随时面临外部市场环境中的变量，这变相增加了企业的运行成本。而数字平台的存在减弱了这种信息差，企业不再是从有限的市场参与者中寻找交易对象，而是以整个市场为检索范围建立交易关系。数字平台不只打破了企业的边界，还使不同产业的业务逐渐融合。

一般来说，各行各业都有其内部普遍认可的数字平台，通过在数字平台上投放交易信息，既促进了行业内部的商业信息流通，又为商业活动的参与者提供了更多的交易机会。随着数产融合的进行，数字平台还将继续发展，逐渐成为集信息投放、技术开发、售后服务于一身的中介型信息交易平台。每个行业的数字平台都应该充分体现区分度，既要彰显行业生产要素的分配形式，又要尽可能为参与者提供便利。通过共享数据，数字平台降低了交易的检索成本，还使产品信息在相当宽泛的产业范围内流通，促进了产业融合。

数字平台信息流通的发达程度能够影响生产数据的共享效果，数字平台的发展降低了信息的获取难度，简化了生产环节，降低了生产成本。此外，数字平台可以帮助企业免受交易对象、供应链等不确定因素的威胁，提高交易的稳定性，为业务形态的拓展提供保障。

（3）市场融合

随着数字经济的深入发展与人民物质需求的提高，许多衍生市场将进入人们的视野，这些衍生产业会冲击传统市场的商业模式，传统市场的商业模式也需要进行一定的调整，与衍生市场同步发展。

数字经济重新定义了交易空间，交易不再局限于特定场所，而可以在线上进行，这也无形中增加了交易机会。数字经济为消费者提供了更多选择，使"长尾"产品更容易走进大众视野，满足客户多样化的消费需求。数字经济对于数据要素的运用则有利于供给侧精准捕捉消费者的需求。数字平台上频繁的交易行为都会被记录下来，根据大数据技术对交易内容进行分析，总结其交易的方向、数量，再建立数据模型，生产者可以规划生产活动，规避市场风险，降低试错成本。因此，数字经济不但为消费者提供了更多的选择，而且帮助生产者打破了市场限制，挖掘消费者的隐藏需求并快速对接需求，持续为经济结构调整、产业迁移赋能。

产业融合的最终目的是撷采各产业之长，使产业更适应数字化的市场环境，实现产业的协同升级。全面升级后，产业的业务结构将更加合理，更能抵御市场环境的冲击，会比较容易获得市场信息。信息流通后，资源的分配方式也将更加合理。另外，产业融合能够推动经济的高质量发展，这是因为产业融合能够模糊原有的产业边界，在调整产业结构、激励技术创新等方面具有十分重要的作用。因此，政策层面需要对此做出适当的调整，为产业融合保驾护航。

　　产业融合能够将产业内的生产要素整合为一个整体，尽可能利用一切闲置的生产要素。根据资源编排理论，单纯拥有生产资源并不会带来经济增长，必须保证资源配置随时符合生产的需求，顺利完成将资源转移到生产线的过程，才能为经济发展打好基础。市场环境的变化往往迅速且难以预测，因此临时性的宏观调控只会在短时间内起作用。要想真正构筑强适应性的产业体系，必须拥有一套对资源配置具有持续调控能力的机制，在每一次市场环境变化时迅速分配资源，取得竞争优势。而数字经济对于生产要素的整合作用恰恰为这种机制提供了可能，让产业内部能够更好地管理各种生产要素。

　　产业融合势必带来产业结构的调整，这就需要统筹规划资源的调配过程，使各个产业的结构变化最大程度地利好经济发展。应注意的是，调配资源指的是调动、分配、使用资源的完整流程，三者缺一不可。此外，产业结构的调整使得闲置资源能够最大限度地向有足够生产能力的企业转移，带来的是产业整体生产效率的提升。但产业部门对于资源的获取途径、需求量和利用方式都不同，不能采取"一刀切"的管理模式，在实际生产中，应全面分析、谨慎行动。数字经济对于资源的调度能力赋予了各产业部门更高效地获取、转化、利用资源的能力，能够减少不必要的损耗，提高资源利用率。

　　除了带动产业结构变革、促进经济发展，产业融合还能够赋予产业独特的市场竞争力。以制造业为例，传统的制造业创新生产率低，科技水平低，而数字技术的融入弥补了这些不足。制造业与数字技术的融合，能够改变制造业高新技术应用率低的现状，应利用数字技术持续为制造产业赋能，重塑产业生产方式，提高市场竞争力，加速工业化进程。要实现资源的合理配置并供给生产，就必须将资源纳入可见、可控的管理体系中。信息化能够帮助产业各部门之间更好地沟通资源的分配情况，将资源聚集到高效部门，实现资源的合理利用，最终提升制造业等产业经济占国民经济的比重。

产业融合会推动数字平台的诞生，而数字平台会持续为企业提供便利，例如，帮助企业寻找到自身所不具备的生产技术，帮助企业降低因落后生产方式而产生的额外成本等，提高创新生产率。因此，产业融合能够支持数字技术从头部企业流向中小企业，有利于行业整体创新水平的提高。

04　数产融合发展的理论模型

数产融合是对产业结构的根本性重组，涵盖了技术体系、生产流程、要素组合方式等方面的革新。数产融合的核心特征是对数据要素的重视和利用，而数据要素在生产中的重要作用改变了传统生产模式下的产业边界，将产业拓展到了数字空间。数据对生产的支撑和维系，使企业的组织方式随之发生变化，变得扁平、高效。

总的来说，数产融合让原本孤立、单一的产业体系焕然一新，数据要素能够为产业提供新价值，拓展新的发展领域。数产融合发展的理论模型如图4-3所示。

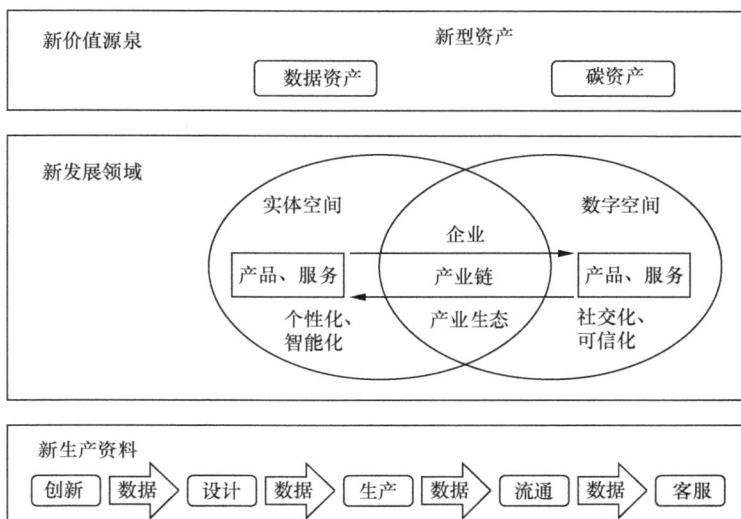

图 4-3　数产融合发展的理论模型

（1）以数据要素为新生产资料

数据要素与其他生产要素相同，都参与了产品的创新、设计、生产、流通、售后等全生命周期。

- **数据参与创新过程**。新的经济模式下，原材料的交易、产品的生产过程都会产生海量的数据，使创新的节点增加，企业更依赖来自企业外部的创新力量，改进企业自身的生产流程。

- **数据参与设计过程**。数据本身就是产品，提供数据是服务的一部分，管理、运营数据将是重要的经济增长点，在设计时必须考虑到数据对原有产品生命周期的影响。

- **数据参与生产过程**。资源的调配、业务的对接都需要数据的支撑，且数据能够使生产环节的联系更加紧密，提高生产效率。产业应拓宽数据传递的通道，如实记录数据，保护生产数据的安全，稳定地发挥生产数据的作用。

● **数据参与流通过程**。数据要素改变了传统的产品销售过程，依靠互联网技术，产品的流通逐渐走向线上，这增加了产品的曝光度，既扩大了生产，又协调了供需关系，重塑了产品营销模式。

● **数据参与售后过程**。从产品的研发设计开始到销售完成的全生命周期，产生的数据都会被收集起来，提供给客户。因此，产品的生产对客户透明可见，能够提高客户满意度。同时，一些区域性的数据集聚起来，有助于建立社区型的客户服务模式。

（2）以数字空间为新发展领域

数字空间指以数据要素为依托，建立在最新的信息技术、互联网技术基础上的产业空间。数字空间与实体产业相结合，能够拓展创新领域，为实体产业提供更多盈利空间，推进业态迁移。数字空间并非独立存在，而是"取材"于实体空间，因此，数字空间的经济增长也会作用于实体空间，扩大实体产业的经济规模。

目前，我国的实体产业核心技术自主可控率较低，实际的交易生产受到诸多限制，导致参与国际生产的利润较低，十分不利于经济发展。针对这一点，要善于利用产业外部的创新力量来弥补自身科技创新能力的不足，具体如下。

● 在开发维度，数字空间能够独立搭建虚拟仿真场景，满足各种产品的研发需要，通过提供与真实环境相同的虚拟条件，提高测试效果，降低开发成本。

● 在人才维度，数字空间重新定义了人才与企业的互动方式，能够整合人力资源，解决企业无人可用、人才无处可去的难题。

● 在资金维度，核心技术的进步需要巨额的研发型投入，企业在取得技术突破之前面临着巨大的资金压力。若在数字空间进行技术研发，则研发过程中产生的数据同样可以看作企业的资产，能够进行流通，一定程度上为企业的技术研发提供支持。

数字空间为知识的流通提供了基础，由于产学研的深度合作，产业可以获得来自外部的创新支持，构筑开放式的创新体系，活跃技术创新的氛围，提高自主创新的能力，实现研究、学习、生产的融合。

数字经济提供的市场广阔但并非无限，只有创造竞争优势，抢占先机，才能在席卷全球的经济浪潮中获取足够的利益。因此，全球主要经济体之间的竞争也从实体空间拓展到了数字空间中。积极开发数字空间能够帮助我国在新的赛道上取得领先，重新划分国际市场经济格局。

目前，我国正在推进产业结构调整，需要完成迁移原始产业和吸引高附加值产业两个艰巨的任务，而数字空间可以为实体经济赋能，提供产品研发、生产、销售、服务等方面的支持，优化产业结构，提高产业体系的创新能力，最终增强产业的国际竞争力。

（3）以数据资产为新价值源泉

在当今的生产模式下，数据要素具有了新的价值，带动商业模式发生变化。数据成为企业的一项重要资产，由于其归属比较复杂、价值难以估量，可能暂时无法录入资金明细，但其潜在价值是毋庸置疑的。

虽然数据的价值难以计算，但数据关系到企业的研发、生产、营销等多方面的竞争力，善用数据成为所有企业的共识。因此，一些企业开始探索量化数据价值的方法，将企业拥有的数据价值统计出来，如此，数据作为一种资产形式，可以用于抵押、担保、证券等金融服务。

工程机械企业徐工集团，很早就意识到数据的经济价值，使用专门的数字平台，结合政策动向、产业结构、生产流程等信息分析数据资产，实现对数据资产的统计与管理。徐工集团通过一些途径试点经营生产数据，拓展了数据的资产化途径。

数字经济不但为实体经济提供了新的经济增长点，还推动了实体产业的能源结构向低碳环保的方向转变。在低碳经济的发展历程中，逐渐出现了碳资产这一新型资本形式，指的是政府标定每家企业的碳排放份额后，企业拥有的可用于交易的碳排放份额，同样可以作为新的经济增长点，助力实体经济的发展。例如，制造业等一些传统产业碳排放量相对较大，拥有较大的节能减排改造空间。一方面，企业采用的一些低碳技术能够有效减少传统能源的使用，降低碳排放量，另一方面，数字技术也能够对生产过程做到精准把控，严格控制每一个生产环节的碳排放量。这些努力能够改善企业的碳排放情况，为企业节省更多碳排放份额，并可以作为资产参与交易。

想要进行碳排放交易，就必须拥有足够精确、统计方式合理的碳排放数据。目前主要通过MRV[1]体系确定企业的碳排放数据，估定企业拥有的碳排放份额的价值。有了较为完善的测算体系，还需要积极参与节能减排技术的创新，并在市场活动中确定最合理的碳排放价值测定方法，将其推广到整个碳排放交易市场，规范碳排放份额的交易行为。

---

1. MRV是监测（Monitoring）、报告（Reporting）和核查（Verification）三个单词的缩写。MRV体系可对碳排放的量化数据进行核查。

第 5 章

转型机制：
从数字赋能到数产融合

2021年5月，国家统计局公布《数字经济及其核心产业统计分类（2021）》，并在该文件中对数字经济及其核心产业进行了概念界定和分类：数字经济是指以数据资源作为关键生产要素、以现代信息网络作为重要载体、以信息通信技术的有效使用作为效率提升和经济结构优化的重要推动力的一系列经济活动；数字经济核心产业是指为产业数字化发展提供数字技术、产品、服务、基础设施和解决方案，以及完全依赖于数字技术、数据要素的各类经济活动。

《数字经济及其核心产业统计分类（2021）》将数字经济产业范围确定为：数字产品制造业、数字产品服务业、数字技术应用业、数字要素驱动业、数字化效率提升业这5个大类。其中，数字产品制造业、数字产品服务业、数字技术应用业、数字要素驱动业这4个大类为数字经济核心产业。

01 产业数字化转型的结构

产业数字化转型是一个创新、升级、发展的过程，通常可划分为数字产业化、产业数字化、数字化治理和数据价值化。产业数字化转型的结构如图5-1所示。

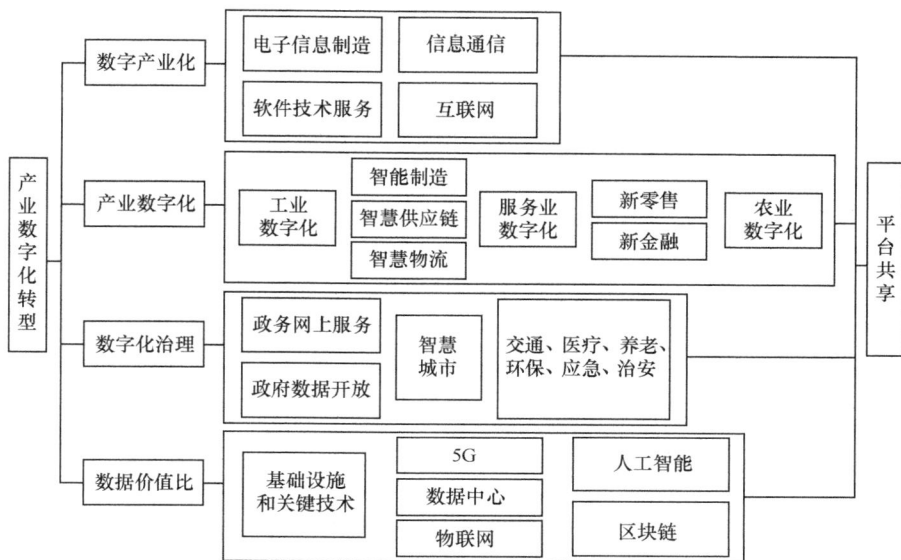

图 5-1　产业数字化转型的结构

● 数字产业化需要综合运用多种先进技术和数据要素，例如互联网、信息通信、电子信息制造、软件技术服务等，推动产业创新发展。

● 产业数字化需要大力推动工业、农业和服务业向数字化的方向转型发展，不断提高各行各业的数字化、智能化发展程度，创新发展新零售、新金融、智能制造、智慧物流和智慧供应链等。

● 数字化治理需要加快业务优化升级速度，增强各项智慧城市服务能力，充分保障交通、医疗、养老、治安、环保和应急等方面的服务，推动公共治理业务线上处理。

● 数据价值化需要积极培育和发展新动能，支持各个平台相互协作，共享信息，鼓励各行各业积极进行数据信息交互，以不断创造和获取价值。

02 产业数字化转型的现状与问题

（1）我国产业数字化转型现状分析

① 制造业数字化国际竞争力情况

2023年3月，上海社会科学院发布《全球数字经济竞争力发展报告（2023）》，在该报告中对全球各国及30个大城市的数字经济发展情况进行了描述和排名，其中，我国的上海排名第10，北京排名第11，同时该报告也指出我国大城市数字新质生产力发展态势良好。

2024年6月，国家统计局发布《数字中国发展报告（2023）》，根据该报告中公开的数据，我国2023年数字经济核心产业增加值估计超过12万亿元，占GDP比重10%左右。2024年7月，我国召开2024全球数字经济大会，并在会上发布了《全球数字经济白皮书（2024年）》，根据该文件中的数据，2023年，美国、中国、德国、日本、韩国5个国家的数字经济总量近33万亿美元，同比增长超8%，数字经济在GDP中的占比约为60%。由此可见，在数字经济方面，我国还需要继续大力发展数字化制造业，打通产业链与价值链，创新商业模式，积极参与全球工业标准和规范的制定工作。全球数字经济竞争力综合排名见表5-1。

表 5-1　全球数字经济竞争力综合排名

排名	国家	综合竞争力	数字创新	数字产业	数字治理	数字基础设施
1	美国	84.24	85.14	76.16	88.32	87.34
2	中国	63.05	60.40	73.90	62.07	55.81

续表

排名	国家	综合竞争力	数字创新	数字产业	数字治理	数字基础设施
3	新加坡	60.31	85.35	25.07	75.20	55.63
4	英国	55.44	71.09	34.11	75.13	41.41
5	荷兰	53.64	70.40	23.02	80.28	40.84
6	芬兰	53.56	90.23	16.95	67.96	39.09
7	德国	53.53	77.20	32.13	67.61	39.91
8	日本	53.38	80.04	23.49	66.41	43.56
9	韩国	52.78	76.88	20.41	66.38	46.98
10	瑞典	51.22	75.30	19.64	64.87	42.34

数据来源：《数字经济蓝皮书：全球数字经济竞争力发展报告（2021）》。

② 产业数字化规模及增速逐年提升

2023年7月，中国信息通信研究院发布《2023全球数字经济研究报告》，在该报告中公开了我国的数字经济发展相关数据，2016—2022年，我国数字经济规模增加4.1万亿美元，年均复合增长率达14.2%。数字经济在三次产业中的渗透率如图5-2所示。

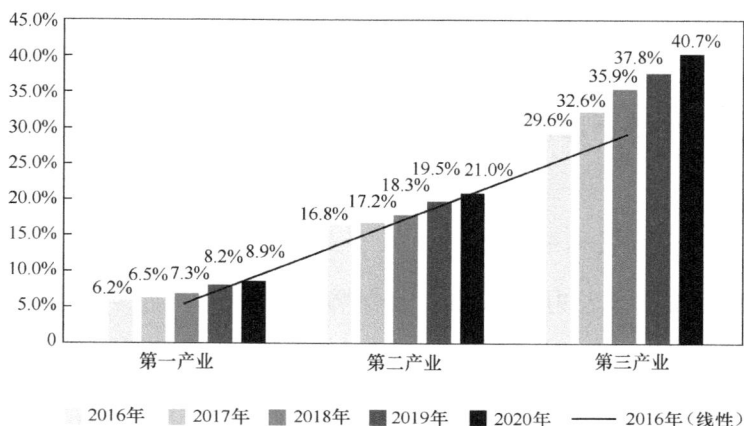

图5-2　数字经济在三次产业中的渗透率

数据来源：中国信息通信研究院、前瞻产业研究院。

③ 工业互联网与智能制造提升空间较大

在工业互联网方面，我国还需要进一步加快发展速度，扩大发展规模。根据中国信息通信研究院发布的《工业互联网产业经济发展报告（2020年）》，2018年、2019年我国工业互联网产业经济增加值规模分别为1.42万亿元、2.13万亿元，同比实际增长为55.7%、47.3%，占GDP比重为1.5%、2.2%，对经济增长的贡献为6.7%、9.9%。

在智能制造方面，我国还需要进一步提高工业制造的智能化程度。2021年7月，国家互联网信息办公室发布《数字中国发展报告（2020年）》，该报告指出，我国规模以上工业企业生产设备数字化率达到49.4%。

（2）产业数字化转型存在的问题

① 数字化生态圈瓶颈

就目前来看，我国已经积累了一定数量的区块链企业，也能够为数字企业的投融资提供一定的支持，但仍存在数字化生态圈建设失衡等问题，例如大多数企业的数字化生态圈缺乏与其他企业的交流，且不同的企业生态圈之间时常出现摩擦，这些问题都限制了数产融合的发展。

② 数字关键技术瓶颈

2020年7月，人力资源和社会保障部的中国就业培训技术指导中心联合阿里巴巴集团的钉钉发布《新职业在线学习平台发展报告》，并在该报告中预测，到2025年我国对人工智能人才的需求量将达到500万人左右，对云计算工程技术人才的需求量将达到150万人左右。受高水平人才分布不均等问题的影响，各个重点城市的产业数字化转型情况各不相同，但都对各类高水平人才有着十分迫切的需求，如数据科学家、信息技术工程师、人工智能算法工程师等。

③ 产业资金政策瓶颈

在数字化转型过程中，我国需要解决当前面临的各项问题，例如关键零部件不能自给自足、缺乏对软件系统的重视、抢占高端市场难度大等问题。对企业来说，需要进一步了解数字化转型，明确转型路线，对转型方案进行整体性、系统性的规划。

03 产业数字化转型机制的构建

产业数字化转型机制是一种有助于产业提升数字化水平的机制，能够以赋能基础型数字产业化的方式有效推动业务型数字产业化融合。

（1）转型手段：数字赋能

支持基础型数字企业对外进行数字输出，利用数字技术为各个产业赋能，不断提高传统产业的基础型数字化能力。对企业来说，可以加大5G、物联网、云计算、人工智能等数字技术相关应用的自主研发力度，增强自身对各项基础型数字产业化能力的掌控能力。

（2）转型过程：产业数字化

打破产业链各环节及生态系统各主体之间的数据壁垒，支持各方进行数据资源交互，助力企业进一步优化数据分析平台、数据赋能平台和数据运营平台，让企业加强产业链上下游之间的数据资源交互，充分发挥数据驱动的协同效应，实现以内部数据对外赋能。

（3）转型目标：数产融合

将数字技术融入传统产业，提高传统产业的数字化程度，并充分发挥数字经济规模优势，进一步提高数字技术与工业、农业及服务业之间融合的广度和深度，同时加大工业互联网和各产业智慧业务平台建设力度，创新业态模式，提高产业的包容性和应用场景的多样性。

（4）构建产业数字化转型机制的路径

产业数字化转型机制的实现路径如图5-3所示。

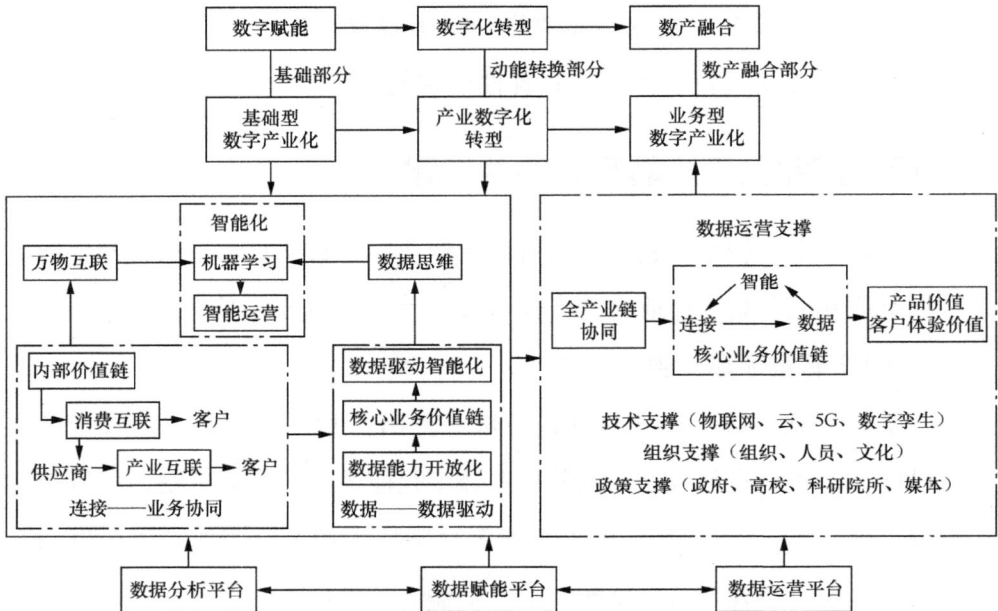

图 5-3　产业数字化转型机制的实现路径

① 数据分析平台促进数字关键技术的产业植入

构建数据分析平台，充分发挥数据算法的作用，分析客户数据，绘制客户画像和商品画像，把握商业机会。规划整个商品交易流程，针对不同场景分别制定相应的采购方案，以提高交易效率。

② 数据运营平台推动数字业务流程的创新再造

构建数据运营平台，优化核心业务模式，细化流程管理，并充分发挥数字技术的作用，预测生产端和消费端的需求，提高生产的柔性化水平，以及零售的及时性、个性化程度和场景多样性，同时加强与客户之间的交互，进一步优化客户体验，打造具有内外数据一体化、流程自适应、开放式创新和虚拟团队协作等特点的新型生态系统。

③ 数据赋能平台保障数字转型机制的系统架构

围绕客户需求打造基于大数据的数字化矩阵，为各方发展提供支持，并优化调整组织架构，加强平台建设，打造敏捷安全的基础技术平台、协同智能的生产运营平台、集成共享的经营管理平台及互联高效的客户服务平台，推动涉及制造、管理、服务、创新、安全、协作、资源、风险等多项内容的整个产业链实现数字化运作。

第 6 章

数实融合：
驱动我国产业高质量发展

数字经济是新一轮国际竞争的重点。在这个背景下，如何充分利用大数据、人工智能等数字技术提高国际竞争力，是国家抓住机遇的关键。

01 产业高质量发展的内涵与维度

经济发展是一个量变引起质变、螺旋式上升的过程。高质量发展的内涵，就是使经济发展的宏观结构、具体方式等与人民日益增长的美好生活需要相匹配。因此，推动经济发展由高速增长进入高质量发展，对适应我国新发展阶段中主要的社会矛盾有着深远影响。

要实现高质量发展，就要改变以往的粗放式发展模式，要尊重社会主义初级阶段的历史规律。在产业发展中，要兼顾质量和效益。在供给侧，需要以新发展理念为指导，谋求技术突破，实现制造业的革新。新发展理念，即发展的"创新、协调、绿色、开放、共享"，具体意义即发展的目的是实现发展成果的共享，发展的动力是生产技术的创新，发展的方式是推动市场经济深入改革、坚持高水平对外开放，发展的途径是平衡供需关系、坚持降本增效、调整产业结构、优化资源配置。

（1）产业高质量发展的内涵

① 生产要素视角

技术创新推动着生产方式的更新，产业的高质量发展是将技术创新应用到实际生产中，带动产业转型，同时借鉴一些新兴领域的经验，为传统产业引入新的生产模式，做到质量与效益双重提升。

② 产业结构视角

产业高质量发展涉及产业结构的调整与更新，高质量发展的内涵是推动产业内的结构转型及不同产业的调整融合。在国家层面上，调整一二三产业的比重，不断更新生产关系，让产业结构更加合理、生产活动更加高效。

③ 产业发展的产出视角

产业发展的产出内容既包括产业内部的生产成果，又包括生产过程中与其他产业、社会整体的交流互动。因此，高质量发展就是要提高产业内部生产的整体效率，并促进生产流程与经济社会深度融合。具体来说，应在产业发展中，摸索出一条既符合经济发展要求，又能兼顾社会治理需要与环境保护需求的发展道路，实现人与自然和谐共生。

还应注意，高质量发展的内涵并不是一成不变的。在产业发展的过程中，随着生产要素、产业结构与产出不断变化，高质量发展的内涵也在不断更新。

总的来说，高质量发展是产业升级以及产业与资源环境在深度融合的过程中带来的生产能力、生产质量和生产结构的更新，既是对新发展理念的贯彻落实，又是在创新驱动下完成不同产业的协调升级，实现绿色发展、坚持高水平对外开放，共享发展成果的具体方式。

（2）产业高质量发展的维度

产业高质量发展体现在产业的竞争力、创新力、可持续发展能力，以及安全性等维度，无法从单一角度简单概括。

① 产业竞争力维度

产业竞争力由产业在国际市场上的竞争力及产业内的生产效率组成。其中，国际竞争力由该国产业在全球市场中的生态位及在跨国生产中扮演何种角色决定，体现为国际市场份额及制造业的出口增加值；而产业生产效率则是劳动生产率、就业增长率等方面的一个综合指标。

② 产业创新力维度

产业创新力指的是产业的创新能力，以及由此带来的收益，与产品研发投入比例、发明专利持有量及核心技术自有率等因素有关。产业创新力会极大地影响该项产业的经济效益。

③ 产业可持续发展能力维度

产业的可持续发展能力与产业的经济效益、社会效益和环境效益有关，其中，经济效益包括营收、批量生产效益，以及因技术进步提高生产率带来的效益；社会效益由产业在创造就业岗位、辅助治理等方面的表现决定；环境效益则主要体现在对资源的利用率、节能降耗水平和排污规模等数据中。

④ 产业安全性维度

产业安全性指的是产业在发展进程中对各生产要素的依赖程度和产业协同生产的水平。对生产要素的依赖体现在生产的技术、资金、设备等生产要素受国际市场的影响程度上；产业协同生产的水平在一定程度上反映出产业内不同企业协同工作、资源共享的情况，能够体现出该产业生产的稳定性。

02　生产要素：激活乘数倍增效应

从生产要素的视角来看，产业的高质量发展是由技术创新驱动的，将以数字经济为代表的创新能力应用到生产中，就带来了一个崭新的概念——数据要素。不同于劳动力、资本等传统生产要素，数据要素是可以独立于生产过程而单独存在的，对产业的创新能力起到决定性的作用。生产要素的形态变迁如图6-1所示。

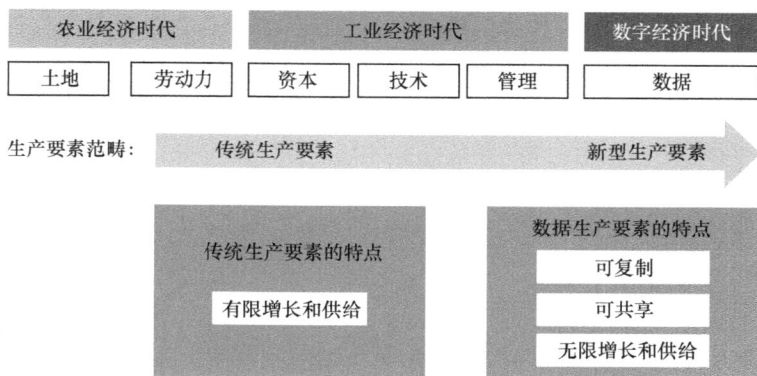

图 6-1　生产要素的形态变迁

制造业是工业经济的主导产业，也是实体经济的核心支柱。要实现制造业的转型，实现传统产业的高质量发展，就要优化劳动力、资本等传统生产要素的配置。具体来说，可通过提高劳动力的平均素质水平，以及提升生产技能等，带来整个生产流程的变革；利用资金消除企业内外的融资成本差异，为产业高质量发展提供理想环境。

在传统生产要素之外，数据要素已经成为驱动产业发展最关键的生产要素，深入产业发展的方方面面。例如，数字技术在产品的研发中应用十分广泛，产品生产流程更是直接由数字技术编写，甚至销售过程也由数字技术辅助并记录。除了参与生产销售的全过程，数据要素还与个性化服务存在关联，为智能制造提供了可能。数据要素的参与使资源配置的速度和效果都有了大幅度的提高，在数据要素的帮助下，产业链的各个环节不再是孤立的，而是彼此之间实现了信息共享，能够实时规划生产，实现协同工作。尤其是大数据、人工智能等数字技术的应用，不但持续优化生产内容，还在某些岗位上解放了生产力，实现了新旧生产要素的有机结合，提高了经济效益、社会效益和环境效益。

（1）助力实体产业生产力的提升

数据要素的参与极大程度上提高了制造产业的生产水平。因为将数据要素应用到生产中，能够将整个生产流程置于数字化手段的管控之下，实现智能化、大规模的生产。此外，数据要素可以总结前一段时间的生产效果，对下一步的决策具有参考作用，有了数据要素的参与，即时生产策略将不再是纸上谈兵。

（2）实现企业增长空间的倍增

数据要素对产业间生产活动的总结，可以帮助决策者找到产业间协同生产的难点，推动不同产业之间统一市场的形成，帮助平衡供需关系，避免因上下游企业间极端的供需关系而产生额外成本。除此之外，总结市场需求能够加快服务型制造的发展，拉长价值链，赋予产品独特的竞争力。从企业角度而言，将市场需求内化为生产的一部分，能够帮助企业扩大盈利空间，灵活规划生产。

（3）培育消费新业态、新模式

在工业经济时代，不同企业之间因为产权问题不能直接转移劳动和资本等生产要素，资源无法流动，产业的融合程度较低，难以通过扩大生产规模获得更高的经济效益。在数字经济时代，数据要素的参与使企业间生产要素的转移难度降低，能够基本实现信息共享、资源融合。这一变化促使许多新兴行业产生，如康养行业就是餐饮、旅游、医疗等行业的融合。这样的跨行业交流沟通，模糊了原本行业的界限，实现了更大范围内生产要素的合理配置，发挥了数据要素的乘数效应。

03　产业创新：跨界融合生态系统

传统产业的创新指的是通过同一产业不同企业的协同合作实现创新，或发挥劳动者的创新主体作用，促进产学研的深度融合。其创新主体范围小、知识覆盖范围小、创新成果的利用率低，产业创新带来的收益比较有限。

在这个阶段，知识产权是由单个企业拥有并使用的，一些先进的生产技术会被部分企业垄断，因此，其他企业使用这些知识技术往往要付出额外的成本，这使得创新主体的基数非常小，这是产业创新的一大阻碍。另外，由于市场竞争的存在，一些在产业链中占据优势生态位的企业往往会侵占其他企业的创新空间，这加大了中小型企业技术创新的成本和难度，不利于行业里程碑式的技术创新。

数字经济时代，产业创新规模迅速扩大，主要体现在以下3个方面。

（1）重塑产业创新生态

通过使用数字技术，产业的创新主体能够完成实时沟通与信息共享，这对产业创新来说是一种重大的、颠覆性的影响，数字技术提供的崭新动力，重新定义了不同企业合作创新的模式，将原本小范围内数个企业的协同创新扩大为涵盖整个产业的庞大创新网络。

数字技术的应用以极高的效率重塑了原有的产业链，将产业内的创新行为集中起来，降低了创新资源共享的难度，有助于形成全新的产业创新模式。随着信息化生产模式的不断成熟，数据要素更加深入制造业生产的方方面面，不断降低知识共享的成本，届时，不同企业间的创新主体将实现更频繁的交流，产业创新的规模、主体的范围会继续扩大，产业创新的成果也将更加丰富。

（2）赋能产业跨界融合

在数字经济时代，不同产业间生产的深度融合是一种新的生产趋势。一二三产业之间的界限逐渐模糊，某一产业开始逐步拥有其他产业的特征，各个产业的内容不断丰富，优势更加全面，例如，第二产业中的制造业正在逐渐向服务业靠拢，由大机器流水线生产转向小规模的定制化生产，更加突出个性化。在这一转变过程中，客户需求逐渐取代定型产品，成为生产活动改革的内因。由于生产要素的重组与数字技术的应用，跨界融合也会带来产品和服务的创新。

（3）客户驱动产业创新

在数字经济时代，客户参与企业的创新过程已经成为一种日常。在传统经济模式下，客户创新理论主要关注的是对产品和服务有特殊需求的客户，这部分客户的需求能够帮助企业塑造产品细节，促进产品和服务的推陈出新。此外，由于数字技术的应用，全体客户都在一定程度上参与了企业的产业创新过程。客户需求影响产品的研发，供需关系决定产品的生产，客户对产品和服务的反馈塑造产品的销售模式，客户对产品和服务的看法、态度被无限放大，因此产业创新也转而以客户为中心，以客户需求驱动创新。

04 产业组织：平台型组织的崛起

产业组织即不同企业的市场关系和组织形态。一般来说，大型企业的生产能力较强，能够通过某项技术集中多种产品或服务。而这在一定程度上剥夺了中小企业的盈利空间，使中小企业失去创新的动力。在这种情况下，平台型组织应运而生，即企业将自身打造为资源平台。平台型组织的基本结构如图6-2所示。

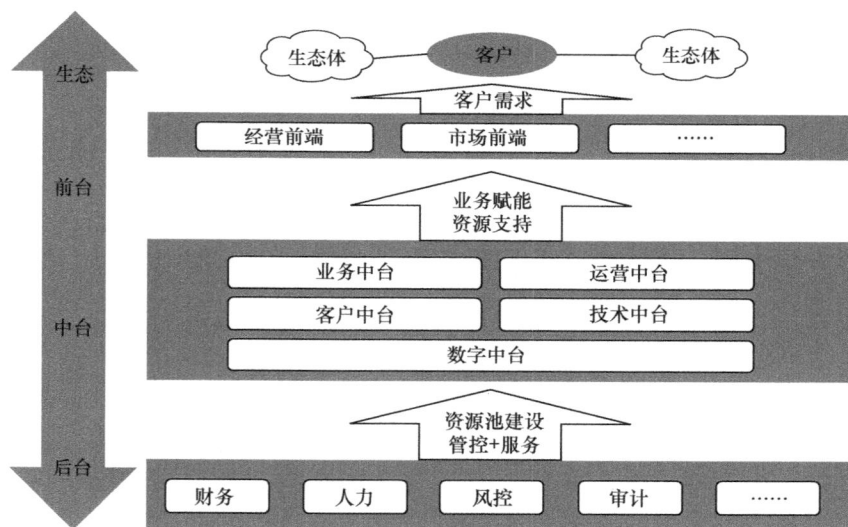

图 6-2 平台型组织的基本结构

平台型组织关联的是两组互相提供价值的客户，企业在两组客户的价值交换中发挥平台作用。平台型组织扮演的不仅是交易平台的角色，还能集中主体的创新作用，赋予产品或服务新的价值，发挥双边市场的间接网络效应，共同参与市场竞争。

平台型组织重塑了传统组织模式中商业活动参与者的定义，在充当平台的企业所涵盖的范围内，其上下游企业能够突破原有界限，直接完成不同生态位之间的资源交换，实现不同产业链之间的深度融合。以产业链内的头部企业为核心，各产业组织实现不同生态位间的协同合作，共同为产品赋能，形成创新集群效应，提高协作能力。

一方面，充当平台的企业构建起了整个产业生态，是供给侧与需求侧的共同核心，能够将不同生态位之间零散的资源集中，优化产业内的资源配置；还能够促进价值共创这种产业模式的形成，提高产业组织协同能力，发挥平台的服务支撑作用，建设高效、全面的产业生态。

充当平台的企业对上下游企业资源对接的明细，能够有效降低其他参与者的交易成本，作为数据要素的一部分参与生产，促进数实融合，推动制造业的服务化进程。

另一方面，充当平台的企业的存在能够调节不同生态位之间的供需关系。充当平台的企业能够将资金、原材料、劳动力和数据等要素整合起来，实现供需双方的资源对接，让上游企业的产品更符合下游企业的需求，也能够将需求侧的信息更准确地传达给供给侧，规划生产活动。

充当平台的企业整合的数据能够为产业链中的各企业提供生产的依据，帮助企业寻找新的市场风向，从而创造出有市场潜力的产品或服务，该产品或服务涉及的生产要素在其他企业之间流动，流动的过程又会带动其他生态企业的发展。

05 产业安全：高质量发展的保障

产业安全程度取决于市场环境剧烈变化或突发事件下产业链内各

企业生产的稳定程度，以及恢复正常生产状态所需的时间，尤其是链主企业维持生产的能力。

在传统经济模式下，由于存在竞争壁垒，知识技术的流动成本较高，部分企业所掌握的市场动向是封闭的，不会在整个产业链内流通。而单个企业的调节能力有限，无法抵御环境的冲击，因此整个产业链的抗风险能力就比较低。

此外，传统经济模式下，不同产业链之间的协同合作也难以进行，产业链外迁的代价较大，一旦产业链主被剧烈变化的市场环境影响，往往会造成整个产业链的瘫痪，迟迟无法恢复正常生产，对产业创新造成持久的负面影响。

有了数字技术的参与，产业链各环节可以实现资源、生产、知识和数据的共享，各企业因此能够进行合作式的创新。最重要的是，产业链主可以借助数字化手段对产业链各环节面临的市场风险进行分析，并将其提供给参与产业活动的各个主体，使其自主调节生产，提前预防突发事件的冲击。另外，信息共享还将增强不同企业间的联系，提高产业链的抗风险能力。

当遇到突发事件时，产业链主能够借助数字技术迅速重建产业链，并根据实际情况重新分配资源，这一措施彻底改变了传统经济模式下部分企业垄断信息的局面，降低了信息共享的门槛，也将一对一的线性生产模式转变为以链为主核心的柔性网络，让产业网络更加坚韧，生产链调节过程更加灵活。

第 7 章

融合路径：
引领现代化产业体系构建

2023年5月5日，习近平总书记在二十届中央财经委员会第一次会议上强调："要把握人工智能等新科技革命浪潮，适应人与自然和谐共生的要求，保持并增强产业体系完备和配套能力强的优势，高效集聚全球创新要素，推进产业智能化、绿色化、融合化，建设具有完整性、先进性、安全性的现代化产业体系。"

01 我国现代化产业体系的基本特征

现代化产业体系作为新发展格局的基础，自提出之日起一直是产业发展的重中之重，本节从智能化、绿色化、融合化这3个方面来论述现代化产业体系的基本特征。

（1）智能化

智能化的产业体系成为新一轮市场竞争中的创新高地与科技核心。这个维度上的智能化指的是加快通信、网络和人工智能等方面最新技术的成果转化，让技术突破带动产业模式革新，进而提高全产业的产出能力，提升经济效益与社会效益，赋予产业独特的国际市场竞争力。产业体系的智能化建设又包括以下5个细分领域。

● **生产智能化**。将人工智能、自动化等能够部分代替人工的技术应用到生产中，从而降低成本，提高生产效率，实现途径包括智能化的制造流程、智能化的生产设备和智能化的工厂管理等。

● **供应链智能化。**将物联网、大数据和云计算等数字技术应用到供应链管理中，在产品生产的全过程中实现原材料供应的透明可见，并快速响应不断变化的生产决策，实现途径包括智能化的采购、智能化的库存、智能化的物流供给等。

● **服务智能化。**将数据分析和人工智能等技术应用到服务中，让服务内容更加全面、灵活，能够更好地满足客户的需要，实现途径包括智能化的产品推荐、智能化的客户服务和智能化的消费预测等。

● **研发智能化。**将大数据和人工智能等技术应用到产品、服务的开发过程中，赋予产品或服务独特的竞争力，实现途径包括产品设计的智能化、效果模拟的智能化和仿真测试的智能化等。

● **管理智能化。**将数据分析和人工智能技术应用到管理中，让决策更加灵活、准确，同时降低管理的时间成本，让生产更加高效，实现途径包括生产决策的智能化、流水线监督的智能化和数据预测的智能化等。

以上每个方面的智能化都基于最新技术的成果转化，以实现智能化、自动化和数字化的生产过程为目标，但具体的实现途径和侧重点不同，因此应用的技术也不同。综合来看，不同产业智能化的最终目标都是构建一个兼顾速度与质量的现代化产业体系。

（2）绿色化

产业体系绿色化的意义不仅在于节能减排，达成"双碳"目标；还在于促进产业均衡发展，提升产业的国际竞争力。

产业体系的绿色化必须遵循可持续发展理念，走绿色环保的道路，保证绿色生产涵盖每一个产业环节，实现低碳环保的全覆盖。具体可以通过产品设计、产品生产、原材料供应和服务管理的全过程绿色化，构建资源节约型、生态保护型的产业链，真正做到"绿水青山就是金山银山"，让低碳环保成为产业发展的规范，让绿色产业的形象走向国际市场。

目前，全世界都在大力发展绿色科技、绿色产业，节能减排已经成为所有国家的共识。我国持续推进绿色技术革新，调整产业结构，积极使用可再生能源，这不仅是为了提高产业的国际竞争力，更是为了实现可持续发展。只有改变现有的能源结构，把碳排放控制在生态系统可承受的范围内，才能实现人与自然的共存，经济发展功在当代，环境保护利在千秋。

（3）融合化

产业体系的融合化就是将不同产业之间有关联的部分融合为一个综合发展的整体。产业体系的融合化可以降低各产业之间的"割裂"风险，提升全产业的整体效能。融合的关键在于各产业的协同合作，融合的形式主要包括横向、纵向和跨区域。

● 产业体系的融合化能够打破原有产业种类的限制，通过创新产业流程，融合各个产业，让人才、资金、技术和客户等要素得以在不同产业之间流动，实现更深层的产业合作。例如，智能制造就是制造业利用信息技术创新产业流程，带动"互联网+工业"模式的发展。

● 产业体系的融合化能够推动新的产业模式出现，也能够加速技术成果的应用，技术、模式和市场的融合会创造新需求，衍生新产品，催生新业态。例如，将物联网应用到家居业中，就成为一种新的业态——智慧家居。

- 产业体系的融合化能够丰富产品种类，打造个性化服务，更好地满足消费者的需要。例如，数字技术在健康产业中的应用之一——智能监测设备，能够有效监测佩戴者的身体指标，根据佩戴者的身体情况设计健康管理策略。

- 产业体系的融合化有助于产业内部更高效地利用资源，不断增加产品附加值，打造产品或服务的差异化优势。多样的产品与多维的业务能够让产业的运行更加稳定，更从容地应对市场环境剧烈变化带来的冲击。

综合来看，产业体系的融合化是建设现代化产业体系的必由之路，是产业发展的大趋势。产业体系的融合化提高了单项产业的产能上限，优化了不同产业之间的资源配置，提升了产业的抗风险能力，达到综合发展、优势互补的效果。但这也要求产业自身摒弃思维限制，积极投入产业体系融合化的潮流中，以自身为节点推动各产业的协同合作，促进新区域经济格局的形成。

02　数字经济赋能现代化产业体系建设

数字经济在构建现代化产业体系过程中的主要角色是为即时决策提供支持，并为生产的全流程提供数据支撑，如此一来，企业能够将生产的每一个细节纳入数字技术的管控之中，既监测了生产过程，又能够定期对生产活动进行总结，还能为下一阶段的决策提供指导。除此之外，数字技术还能够帮助企业高效率地考察市场环境，实现生产活动与市场需求的灵活匹配，进一步提高产业的竞争力。

数字经济能够广泛应用于各项传统产业，改进传统产业的生产流程，大幅提高生产效率，革新经济模式。数字经济可从智能化、绿色化和融合化3个方面为现代化产业体系赋能。数字经济助力现代化产业体系的分析框架如图7-1所示。

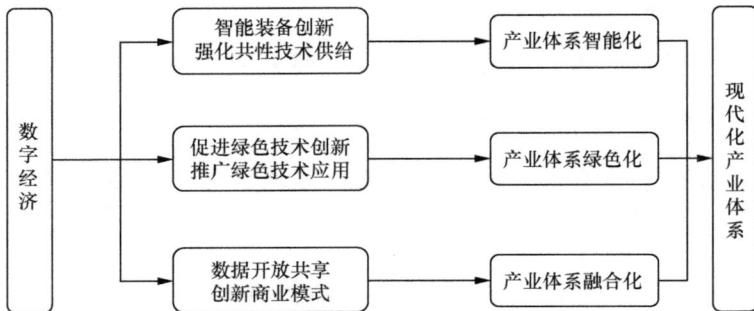

图 7-1　数字经济助力现代化产业体系的分析框架

（1）智能装备+共性技术：赋能产业体系智能化

智能化是借助数字技术搭建自动、高效的产业流程，让产品的生产、组织管理、决策制定都处于一套精准、可控的体系中。智能化也是现代化产业体系的特征之一，其建设符合新发展阶段我国乃至全球市场的要求。基于数字经济的参与，可从智能装备和共性技术两个维度入手以实现产业体系的智能化。

智能装备应用了人工智能、大数据和物联网等多种数字技术，拥有信息感知与即时决策等多种功能。智能装备的加入不但使原有的产业链更加自主、智能，还让生产过程更加可控、更成体系。智能装备的另一关键作用在于收集生产过程中的数据并分析，能够优化资源配置，随时调整决策，提高生产的灵活性。

共性技术指的是各行业共用的基础技术，通过统一的技术标准，实现专业化生产，降低了技术流通的难度。共性技术的规格、原理都是共通的，能够有效减少企业的技术研发成本，也能够扩大产业创新的主体，壮大产业的创新力量，使创新成果尽快应用到生产中。同时，共性技术带来生产、供应和服务的底层逻辑的统一，也让产业体系更加紧凑，促进了不同领域之间的协同合作。

（2）技术创新+应用拓展：赋能产业体系绿色化

粗放发展方式使环境问题逐渐严重，现有的产业体系需要尽快转型，以实现低碳环保的绿色发展。数字经济可以从技术创新与应用拓展两个维度赋能产业体系绿色化。

通过引入节能减排的绿色技术，可以推进产业转型升级，实现低排放、低耗能的绿色产业格局。绿色技术的应用，不但能够提高资源利用率和生产效率，提升经济效益，还能满足市场对环保型产品的需求，助力营造良好的社会风气，实现社会效益与环境效益。

绿色技术应用的拓展将带来产业流程的根本性改变。例如，将减排技术应用到生产中，能够减少存在于空气、土壤中的污染物，减轻生态系统的负担，为居民提供良好的生活环境。此外，绿色技术的应用能够减少非可再生能源的使用，缓解我国的能源压力，同时让产业发展不再受制于有限的资源。而减少耗能、循环利用等绿色技术的应用，则能够提高原材料的利用率，节约成本，减少浪费。

总的来说，绿色技术的创新和应用拓展，是数字经济推动产业体系绿色化的途径，随着绿色发展的理念逐渐在各行业内普及，低碳、低耗和循环的模式将覆盖产业体系的每一个环节。

（3）数据开放共享+商业模式创新：赋能产业体系融合化

在数字经济时代，数据要素正在占据越来越重要的地位，各个产业的生产活动都存在着一定的关联。数据开放共享正在成为产业体系的发展趋势，商业模式也正随着数字经济的参与而不断创新。

数据在数字经济中是最重要的生产要素，因易获得、易存储和易流通而广泛存在于各个行业之中，且不像核心技术一样存在严格的限制。数据要素是不同产业、不同行业之间协同合作的基础：下游企业总结的数据往往能为上游企业的生产提供指导，上游企业的生产数据也能为下游企业的服务或销售提供参考，随着数据的不断流动和共享，产业融合已经越来越常见。

在数字经济时代，平台经济和共享经济等新的经济模式正在飞速发展，切实地为民众的生活提供便利。例如，平台经济将互联网技术应用到教育、文娱等与每个人息息相关的领域中，形成双边市场，惠及大众；共享经济则能够帮助人们出租、出售多余的资源，作为再分配的一种形式，促进社会资源的进一步利用。

03　实现数产融合的路径

（1）路径1：关键核心技术自主可控

当前，新一轮科技革命正在世界范围内如火如荼地进行着，对于我国的产业变革是前所未有的机遇。抓住机会，积极推进产业体系的现代化建设，实现建成社会主义现代化强国的目标，就需要借助数字经济，创新产业模式，在各个产业进行由内而外的改革。这是一个庞大的工程，要摆脱数字经济发展的不利因素，就要多项举措并行，例如加大研发投入，积极突破数字技术瓶颈，推进产业智能化进程；

出台节能减排补贴政策，调整能源结构，谋求产业绿色化革新；鼓励人才流动，发挥数据要素的潜力，推动产业合作，建设产业融合化的格局。

核心技术是数字经济必不可少的组成部分，能够推动产业体系的智能化建设，提高产业体系的现代化水平。在核心技术方面，我国的量子通信、人工智能和大数据都处于国际前列，但芯片、工控和机床等技术的整体水平仍有一定的提升空间。整体来看，我国核心技术自主可控性较低，不利于相关行业的发展；我国数字技术的发展存在不平衡的问题，一些关键技术层面的人才较少，相关产业的协同合作尚有欠缺，法律法规亟须完善，自主创新能力有待提高。

核心技术是否自主可控关系到数字经济能否独立均衡发展，核心技术的自主可控有助于提高全产业的产出与盈利水平。为实现关键核心技术自主可控，可采取以下策略。

- **加大基础研究力度**。基础研究作为研发所有尖端科技的前提，能够为应用科学的突破提供理论支持。虽然基础研究无法立竿见影地提高生产力，却能够帮助各行各业理解技术的深层逻辑，挖掘应用场景，更能帮助开发者解决攻克核心技术时的难点，提高理论水平。

- **解决基础研究的体制问题**。目前，科研队伍往往背负着较大的科研压力，定期的科研评价让研究人员需要付出大量时间研究低难度的课题，以稳定产出成果。体制改革可以让研究人员集中精力研究核心技术难题。

● **丰富基础研究的投入途径**。在发放科研经费之外，还可以委托某些实验室进行科研工作或购买专业机构的科研服务，对基础研究进行投资。在社会层面，可以为取得核心技术突破的企业提供税收补贴，作为典型案例，鼓励社会资本投资基础研究。在税收政策之外，还可以通过风投、基金等方式引入社会资本。借由多样化的基础研究投入途径，为基础研究提供充沛的资金。

● **着重培养基础研究的人才队伍**。建立专业机构或国家级实验室等，筛选、培养数字技术的相关人才，为基础研究充分引流。

● **提高技术创新的容错率**。让核心技术的研发在宽松、包容的环境下进行，要积极应对国际市场形势，但不能急于求成导致方向错误。

● **整合社会资源，集中力量攻克重点难点**。根据当前产业体系中存在的不自主、不可控问题，集中科研力量与社会资源，发挥制度的优越性，优先解决难度与潜力并存的重大科研课题，并以点带面，形成一套科研攻坚的流程。

以上多项措施一同进行，能够发挥多种创新主体的创新潜力，活跃产业创新的氛围。

（2）路径2：完善绿色低碳政策体系

产业体系绿色化转型的意义不只在于减少耗能、降低污染物排放量，更在于生产流程的重组、原材料的循环利用与资源配置的优化。可以说，绿色化转型真正有助于经济的可持续发展，以及人与自然的和谐共生。但产业绿色化转型面临着严峻的形势。

首先，发展中国家参与全球生产的成本较高。尤其是对于缺乏高端人才与配套设备的企业，推广绿色技术不但不能降低成本，甚至会导致亏损。以智能供应链管理系统为例，企业需要在高速互联网的支持下进行信息传输，还需要使用智能传感器接收生产线信息，云计算与大数据技术更非是中小企业的财务力量所能支撑的。同理，在某些情景下，可再生能源仍然是比较遥远的概念，对大多数企业经营来说缺乏足够的实际价值。这些限制条件不仅不利于产业体系的绿色化建设，更会使原本就存在区域差异的绿色产业发展变得更加不平衡。

其次，绿色技术实际应用在生产中可能会与原有工艺流程发生冲突，导致生产中断，这也会成为企业推动绿色化转型的阻碍。例如，节能技术需要与智能化的流水线管理系统配套使用，但企业原有的生产线可能还未安装智能化的管理系统；使用清洁能源则需要配备储能与输送系统，企业往往需要暂停生产并额外付出成本来安装这些系统，这也是一些企业不愿应用绿色技术的原因。

最后，针对这些状况，需要尽快出台节能减排的相关法律法规，并建立以绿色环保为导向的市场体系，实现经济效应与环境效应的统筹兼顾。政府需要积极引导企业完成产业升级，鼓励技术创新，达到节能减排的效果。这一系列的举措不但能为产业赋能，增强其国际竞争力，还能实现国家"双碳"目标，有利于经济的长远发展，更有利于社会的长治久安。完善绿色低碳政策体系应采取的措施如图7-2所示。

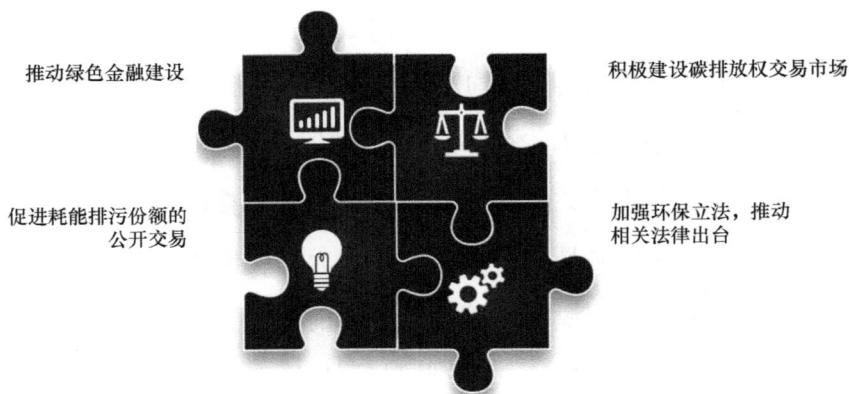

图 7-2　完善绿色低碳政策体系应采取的措施

● **推动绿色金融建设**。通过出台利好政策指导社会资本注入环保项目，并设置环保相关的金融产品，通过绿色金融助力产业绿色化转型。

● **促进耗能排污份额的公开交易**。建立耗能与排污的交易市场，根据市场上的供需关系，实现企业耗能与排污权益的自由流动。让企业在一定限度内按需买卖这些份额，既保证了排污与资源消耗的总量不过红线，又能最大化地化解企业资源与发展不平衡的冲突。

● **积极建设碳排放权交易市场**。与耗能排污份额的交易市场相同，企业需要将碳排放份额放到市场上交易。除了有助于解决产业绿色转型程度不同的问题，市场还会形成一个碳排放份额的大致价格，如此一来，碳排放成本就成为政府需要考量企业的一个经济因素。此举在宏观上调控碳排放总量的同时，也增加了一项财政收入。此外，碳排放成本会促使企业加快绿色化转型，尽早开始使用清洁能源。

● **加强环保立法，推动相关法律出台**。将绿色化转型纳入法律体系的管控之下，为产业的绿色化转型提供指导，从法律层面对政府、企业乃至个人提出要求。制定补贴政策，鼓励先行企业应用绿色技术，并持续提供税收、采购和用地等方面的优惠，在全社会范围内促进绿色产业观念的形成。

（3）路径3：激发数据要素市场活力

在数字经济时代，生产数据已经成为产业的战略资源，也是最重要的生产要素之一。党的十八大以来，数据基础制度的建设层层递进，国家的数据治理不断深入，数据不但融入生产的各个环节，更深刻地影响着社会治理的方式与方法。数据要素的流动与共享能够帮助政府、企业与个人充分利用数据信息，实现科学的社会治理和稳定的经济增长。

数据的流动与共享也引发了关于数据安全的思考，只有维护商业机密与国家数据安全，才能保证数据要素高效流通于各产业之间，从而有效为传统经济赋能。目前，数据安全监督体系还有待完善，个人与企业的数据安全受到威胁的情况还时有发生。不可否认的是，在现有技术与政策条件下，数据的完全共享与数据安全存在矛盾，因此数据的开放性与隐私性必须达到平衡，这就需要完善数据基础制度的建设，完成风险预测、源头追溯、应急处理和日常监督等机制的设计。

数据要素是不同产业协同合作的基础，也是信息交换的桥梁。数据的流动与共享能够明确不同产业的供需关系，赋予市场活力。数据要素的流通模式如图7-3所示，为了激发数据要素市场活力，应重点从以下两方面入手。

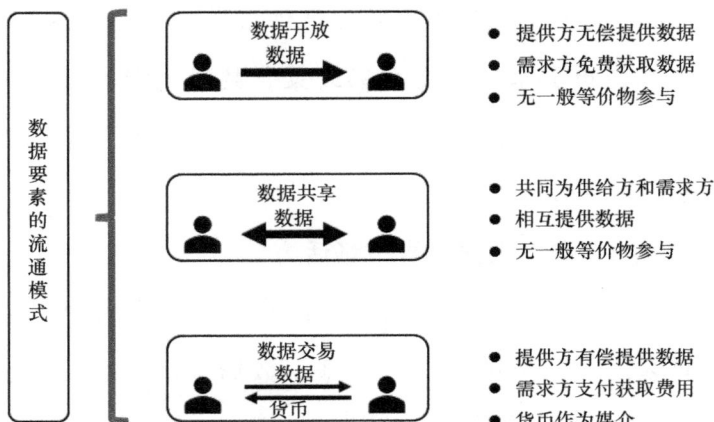

图 7-3　数据要素的流通模式

① 加快解决数据确权难题

数据确权是数据治理中的一个难点问题，目前关于数据确权，主要的治理方式就是逐渐分离数据的使用权和所有权，另有"可用不可见"和"谁治理谁受益"两种间接治理方式。其中，所有权使用权分离能够让企业、个人等数据拥有者在政策的保护下将数据授权给第三方使用，既可以实现数据的流通，又能够保证数据隐私不受侵犯。而间接治理方式则能够辅助保障数据安全。

"可用不可见"具体指的是对数据拥有者的身份进行处理，数据的使用者在使用数据的过程中无法得知数据的具体内容，只能进行基本的信息利用。通过这种方式，在数据流动与共享的过程中尽可能地维护了数据安全。

"谁治理谁受益"的目的是让治理人更好地管理数据，主要是通过部分协议、规定来保证获得信息的途径是合法合规的，通过正规渠道获取信息使用权的市场活动参与者就能够享受法律法规赋予的正当权益。

② 积极培育数据要素市场

上海数据交易所与上海数据集团都是我国在加快数字化转型、建设数字中国方面的探索，两者的先后投入使用是实现数据要素完全共享交易的重要里程碑。未来，上海数据集团将作为交易平台，调节数据市场的供需关系，促成数据要素的流动与共享，届时，数据要素将产生惊人的市场活力，带来商业模式与经济形式的更新。而上海数据交易所与金融产品的交易所相同，能够让数据的交易更加规范、更加合理。

今后，还将有更多类似的公司与机构参与数据要素的市场交易，可从面向国内和面向国际两个方向出发，培养具有代表性的平台，将数据的收集、分类、包装和交易纳入合法合规的管理章程中，打造涵盖价值评测、交易结算和纠纷仲裁等功能在内的全面的交易体系，保障企业与个人的数据安全，促进数据要素的流动与共享，让数据要素以更系统、更正规的方式参与并指导生产。

第三部分

产业融合篇

第 8 章

产业融合：
壮大实体经济的重要支撑

党的二十大报告提出，建设现代化产业体系，坚持把发展经济的着力点放在实体经济上，推进新型工业化，加快建设制造强国、质量强国、航天强国、交通强国、网络强国、数字中国。

在整个现代化产业体系中，先进制造业、现代农业和现代服务业是现代化经济体系建设的关键。提高这3个产业之间的协同性，促使三者互相融合，能够进一步扩大实体经济范围，推动产业基础向高端化发展，从而提升产业链的现代化水平。

01 产业融合：重塑实体经济格局

产业融合的研究起始于技术融合，而技术融合是美国的罗森伯格在《1840—1910（美国）机械设备业技术变迁》一文中提出的一项概念。罗森伯格认为，通用技术在各个产业中的发展和应用是建设独立化、专门化的机械设备产业的基础，这个基于通用技术长期发展和应用的产业的产生过程就是技术融合。

产业融合指的是借助技术创新和门槛降低来弱化各个产业之间的边界，加强各个产业之间，以及企业之间的竞争和合作。近年来，科技飞速发展，产业融合也逐渐打破了各个产业之间的"壁垒"，随着产业融合日渐深入，各个产业之间的边界将越来越模糊，直至完全消失。一般来说，轻度的产业融合能够为重叠双方或其中一方的发展提供助力。但受到技术创新、市场创新等因素的影响，产业融合也可能会催生出新的产业。随着经济全球化的深入发展和各种高新技术的进步，为了提高产业的生产效率和市场竞争力，我国需要深度把握产业发展规律，加强产业发展实践，并在此基础上通过产业融合来创新产业的发展模式和组织形式。

当前，5G、大数据、人工智能等技术的发展可以推动产业向数字化的方向快速发展，也能够在一定程度上加快产业融合的速度，为我国经济高质量发展提供助力。例如，数字技术可以促进制造业和服务业互相融合，发挥出业务的新价值；数字技术在金融领域的应用能够为产业发展提供更加丰富的金融服务，充分满足产业在资金等方面的各项需求，为产业的融合发展提供强有力的支持。

随着社会的发展和技术的进步，我国实体经济快速发展，已经实现了"量"的稳步增长，受居民收入水平提升和居民需求变化的影响，进入新时代后，我国需要进一步提升制造业适配性，大力推动实体经济的发展由"量"的稳步增长向"质"的显著提升转变。

从生产与消费的关系上来看，生产与消费之间存在十分密切的辩证关系，生产决定消费，同时消费对生产也具有反作用。现阶段，随着科技水平不断提高，产业融合日渐深入，我国实体经济的发展不再局限于传统农业和传统工业领域，内涵逐渐丰富。从供需匹配的角度来看，产业融合能够激发市场主体活力，有效促进实体经济的发展。

供需动态匹配的产业融合分析框架如图8-1所示。在传统供给模式下，产业A和产业B具有一定的独立性，两者的产品供给能力较弱。在新供给创造模式下，产业A与产业B互相融合，能够提升产品供给的质量，生成新的供给能力。

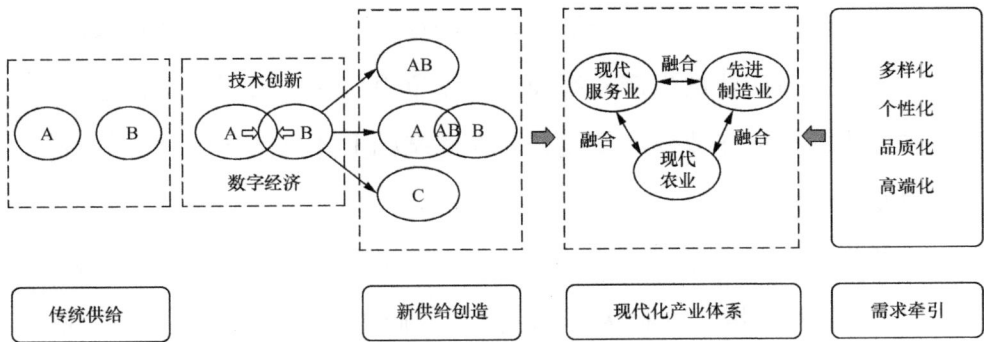

图 8-1 供需动态匹配的产业融合分析框架

一般来说，新供给创造模式下的产业融合可能会出现3种情况：第一，当产业A与产业B实现深度融合时，两者之间的产业边界将会完全消失；第二，当产业A与产业B并未完全融合时，两者之间将会出现产业部分重叠的情况，两个产业或其中一个产业将会开始转型发展，同时转型的产业也会进一步提升自身的生产效率；第三，产业A与产业B的融合会催生新的产业或业态，如图8-1中的C所示。

产业融合能够产生叠加效应、聚合效应和倍增效应，进而实现对供给模式的创新和对产业的重塑，以及对产业链、价值链和供应链的重构。同时，可以推动传统服务业升级为现代服务业，传统制造业升级为先进制造业，传统农业升级为现代农业，并促进三者互相融合，提高三者之间的协同性，建立起全新的现代化产业体系。

符合需求端要求的产品和服务能够保证供需两端的适配性，而供给与需求之间的适配性能够直接影响产业体系的现代化程度。在构建现代化产业体系的过程中，供给端需要持续提供高质量的产品和服务，增强自身灵活性，并不断地创造新需求，提高自身产品和服务与需求端的适配性，加快形成"需求牵引供给、供给创造需求"的新平衡。

02　内在机理：拓展实体经济空间

近年来，信息技术飞速发展，并逐渐被广泛应用到各个领域，一二三产业开始互相融合，产业边界逐渐模糊。随着现代化产业体系建设工作的不断推进，我国还需进一步深化产业融合，并借助产业融合为经济发展提供助力。

（1）产业边界的相互渗透

从产业发展的特征上来看，我国一二三产业正在互相融合、协同发展，产业边界日渐模糊。例如，制造业和服务业正在加速融合，形成生产性服务业，进而实现面向生产的服务。不仅如此，服务业与制造业将在组织相互独立的情况下进一步加深产业融合。制造业与服务业边界融合的路径如图8-2所示。

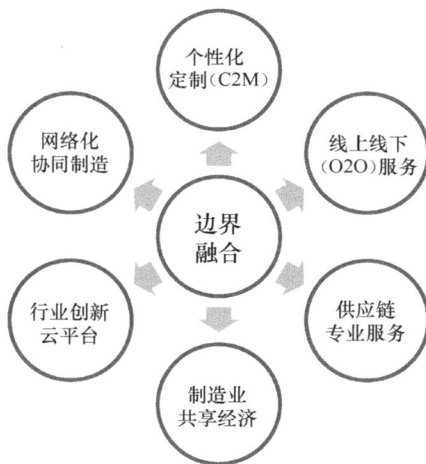

图 8-2　制造业与服务业边界融合的路径

一般来说，第一产业与第二产业的融合能够有效集成农业生产和农产品加工，提升农业生产效率和农产品的附加值；一二三产业的融合可以实现产业联动和产业聚集，延伸农业的产业链，并通过扩大产业范围的方式来增加农民收入。

（2）需求牵引产业融合

当前，我国经济飞速发展，生产能力逐渐增强，实体经济发展水平也大幅提高。我国正在推动社会需求结构向多样化和品质化的方向升级，同时多措并举倡导绿色消费，推动消费方式和消费理念向绿色化和个性化的方向转变。

应深入分析客户需求，在充分把握客户需求的前提下为其提供产品和服务。同时，也要对现代服务业、先进制造业和现代农业进行融合，提高从生产到消费的整个流程中的各个环节之间的协同性，进一步提升产品和服务的品质和多样性，为客户提供更加多元化和个性化的产品和服务，实现供需动态匹配。以制造业为例，企业与客户之间的关系已经伴随数字技术的应用发生转变，从单一的买卖关系向客户价值共创伙伴关系转变，制造业商业关系的变化如图8-3所示。

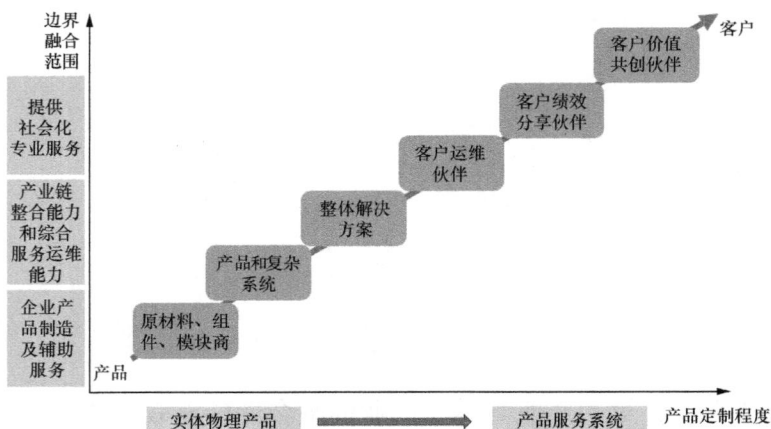

图 8-3　制造业商业关系的变化

（3）三链重构拓宽产业融合范围

2020年5月，我国提出要"加快构建以国内大循环为主体、构建国内国际双循环相互促进的新发展格局"，而产业链、供应链和价值链是实现双循环的关键，也是助力双循环实现互相促进的重要力量。

我国是世界上工业门类最全的国家，且制造业增加值稳居世界首位。近年来，世界各国纷纷重塑自身产业链、供应链和价值链，我国也在不断加快推进智能制造，并进一步深化制造业服务，同时提高产业链各环节中相关人员的参与度，使各方人员共同参与产品的研发、设计、制造、加工、运输和分销等工作，推动产业链、供应链和价值链互相融合，并进一步扩大产业融合的范围。产业链的价值结构能够在一定程度上影响供应链的结构，因此，当我国重构产业链的内部价值结构时，供应链的结构也会发生相应的变化。

以汽车企业为例，当汽车产业链的价值分配格局出现变化时，汽车中的各项核心零部件将趋向智能化和自动化，供应链结构也将随之改变。在新能源汽车产业中，芯片将作为核心零部件逐渐从后端走向前端，芯片的供应商也将从传统汽车产业的三级供应商和四级供应商逐渐变为0.5级供应商。

（4）数字经济驱动新业态新模式

进入数字经济时代后，全球经济获得了新的发展动力，我国也通过发展数字经济实现经济增长。数字平台能够联通全世界的企业，帮助企业降低成本，提高响应速度、跨境搜寻和协调效率。

就目前来看，数字经济已经融入各行各业，实现了与实体经济的融合，并催生出多种新业态和新模式，如共享工厂、智能化生产、柔性化定制和工业互联网创新应用等。与此同时，新一代信息技术的应用加快了各项应用的创新升级速度，为远程办公、在线教育和互联网医疗等在线服务的发展提供了支持。除此之外，数字技术的发展和网络化平台的应用也促进了虚拟产业和无人经济的发展，进而为实体经济的增长提供了驱动力。不仅如此，数字经济还可以革新消费模式，驱动就业结构转变，为人们提供微经济、自主就业和多点执业等多种全新的消费模式和就业模式。

03　范式革命：技术驱动产业融合

技术革命能够革新产业发展范式，而产业发展范式的变化能够在一定程度上改变生产力，而生产力的变化能够影响国家的综合国力。以电力技术革命为例，随着电力技术革命的逐步推进，大企业在产业演进中的主导作用日渐突出，美国和德国均通过电力技术革命大幅提升了自身的科技和工业水平。除此之外，信息技术革命促进整个产业链实现一体化，改变了全球竞争的格局。

数字技术革命不仅能够推动产业快速发展，还能够打破产业边界，促进产业融合，实现对产品功能、商业模式、生产技术和消费模式等多个方面的革新。数字技术带来的产业革新如图8-4所示。

（1）产品功能方面

工业技术的发展和应用有助于企业将各种属于不同产业的产品功能集成到新产品，实现产品功能的扩展，进而达到提升产品竞争力的效果。以汽车产业为例，汽车企业借助数字技术将音乐、导航和空调等功能集成到汽车中，提升汽车功能的丰富性。

产品功能方面
将不同产品功能集成到
新产品中

生产技术方面
➤ 数字技术与传统
生产技术的融合

➤ 各项生产技术的
融合和应用

消费形式方面
➤ 产品消费中可以
融入服务消费

➤ 服务消费中可以
融入产品消费

商业模式方面
➤ 精准把握客户需求
和市场定位

➤ 打破线上经营和线下
经营之间的壁垒

图 8-4 数字技术带来的产业革新

物联网等技术的应用可以通过在功能相对单一的产品中植入芯片等多种方式来扩展产品的功能，并增加可扩展功能的产品种类，例如，将芯片植入穿戴产品中可以赋予产品身体健康监测和运动数据采集等功能。不仅如此，技术的进步也能够增加某一产品可扩展的功能种类，例如，将智能操作系统引入手机、汽车等产品，可以赋予产品实现各种各样的数字功能。

（2）生产技术方面

产品功能扩展离不开各类产业技术在生产过程中的融合，一般来说，主要涉及与各项功能相关的数字技术与传统生产技术的融合。与此同时，各项生产技术的融合和应用也能够重塑生产过程，提高整个生产过程的智能化水平。

对工业领域的企业来说，可以充分发挥虚拟现实、物联网、传感器、云计算和人工智能等技术的作用，设计生产流程，监控工业生产过程，广泛采集和分析各项工业生产数据信息，并根据数据分析结果对生产过程进行优化和调整，进而达到降本增效的效果。

对服务业领域的企业和各类机构来说，各类技术和工具的应用能够为客户和自身提供方便。例如，智能取号机的应用能够减少客户排队的时间；自助点餐系统和炒菜机器人等工具的应用能够提高餐饮业服务效率；监控设备和视频分析技术的应用能够提高管理的动态化程度，使相关工作人员可以根据实际情况实时调整管理方案。

（3）商业模式方面

随着经济的发展和技术的进步，传统商业模式难以为当前数字经济的发展提供有效支持，企业需要充分发挥数字技术的作用，利用各种数字化手段来创新商业模式，升级价值创造方式，调整资源分配，优化业务流程，提高自身对客户需求的满足能力。

进入数字经济时代后，经营环境发生了翻天覆地的变化，为了适应这一变化，企业必须对商业模式进行创新。从实际操作上来看，企业应深入挖掘并强化自身的核心竞争力，并转变经营思维，将自身看作一个生态系统，与外部的利益相关方协同发展，同时也要提高对外部体验的重视程度，以客户体验为中心开展各项工作。

商业模式创新离不开各种先进数字技术的支持，企业需要借助大数据、云计算、人工智能等数字技术来对自身商业模式进行调整和优化升级，以达到降本增效的目的。具体来说，数字技术的应用能够为企业分析各项商业数据提供方便，帮助企业精准把握客户需求和市场定位，让企业可以针对市场需求优化产品和服务。不仅如此，企业还可以借助数字技术打破线上经营和线下经营之间的壁垒，将销售渠道拓展至线上平台，并为客户带来更加优质的消费体验。

随着数字经济的快速发展，消费者也可以通过与企业之间的互动参与到价值创造中。为了充分发挥消费者在价值创造方面的作用，企业应借助社交媒体和众筹平台等数字平台进一步加强与消费者之间的互动，广泛采集消费者的需求信息和反馈信息，并对这些信息进行深入分析，并根据分析结果优化产品和服务，调整经营模式，实现价值共创，进而提高自身的响应速度，及时满足消费者的需求。

（4）消费形式方面

从消费形式上来看，数字技术的发展和应用能够为产品消费和服务消费的互相融合提供支持。

一方面，产品消费中可以融入服务消费。例如，将人工智能等技术应用于智能家居产品中，当客户购买智能健身设备和智能音箱等产品时，就可以获得运动指导、生活管理等方面的相应服务。另一方面，服务消费中也可以融入产品消费。云计算等技术在网络游戏开发中的运用，使所有游戏都可以在服务器端运行，因此客户不需要再购买任何高端处理器和显卡就能够获得良好的用户体验。

04　推进策略：产业融合发展路径

（1）推动产业链优化升级

① 加快培育服务衍生制造

服务业企业需要深入挖掘客户需求，并据此为客户提供定制服务，提高产需适配程度，同时也要对产业链中的各个环节和各项服务进行优化，例如研发设计、物流仓储、商务咨询、交易金融和检验检测认证等，提高产业链中的各个生产制造环节之间的协同性，并在此基础上向制造业渗透，并加快向产品化、品牌化的方向发展的步伐，实现反向定制、个性设计和柔性制造，为客户提供优质的产品和服务。

另外，还需要推进交易活动与物流服务互相融合，塑造出新的市场业态，并打造服务重点制造业集群的工业超市。

② 优化生产要素的有效配置

推动产业链的优化升级，既要进一步优化产业的生产规模、产值结构、技术结构和资产结构等生产要素，提高各项生产要素之间的协调性；也要加快技术外溢，从产品、市场和组织3个方面开展创新工作，并根据实际情况调整产业结构；同时还要深度融合一二三产业，大力发展新型农业，例如观光农业、数字农业、休闲农业、生态农业和综合型农业等，推动农业现代化发展。

（2）加快数字经济发展布局

① 加强数字技术的突破与应用

加快数字经济发展布局，一方面需要加大对各项数字技术和应用的研究力度，解决技术方面的各项难题，开发能够在技术上为数字经济的发展提供支持的应用软件，例如基础软件、工业软件、信息安全软件和各类新兴技术软件等；另一方面需要对资金支持方式进行创新，以便为各项数字关键核心技术的研究和应用提供资金层面的支持。除此之外，还需要提升自身在国际上的影响力，积极参与制定各项数字技术国际标准。

② 推进数字经济与实体经济深度融合

实体经济是一国经济的立身之本，数字经济是科技革命和产业变革过程中不可忽视的领域，为了有效促进经济发展，需要大力推动数字经济与实体经济深度融合。

首先，应将大数据、人工智能等数字技术融入传统行业的各个环节，例如生产、分配、交换和消费等，推动传统行业实现全方位转型升级；其次，应对数字化产业链进行拓展和延伸，提高数字化工业、数字化农业和数字化服务业之间的协同性，并在此基础上催生了各种新的模式和业态；最后，还应充分发挥数字经济的"去中心化"作用，在一定程度上提升资源分配的合理性和均衡性，为农村经济的发展提供支持，促进城乡实体经济的协同发展。

（3）激发企业创新活力

① 强化企业创新主体地位

在推进各项基础研究工作的过程中，需要充分发挥相关企业、高校和研究院所的引领作用，支持三者展开合作，同时也要支持企业进一步加大基础研究投入的力度。

对于各项重大科技项目，应鼓励企业发挥带头作用，将企业作为组织和决策的主体，为企业推进各项研发工作提出相应的建议，进而推动经济创新发展。与此同时，还应加大培育企业的力度，增强企业的核心竞争力，充分发挥企业的生态主导力，并加强企业之间的联系，支持企业在技术、产品、产能和市场等方面建立竞争优势，进一步加强国际创新合作和国际产业协作，提高我国的产业链水平，推动我国产业链升级。除此之外，还要以数字经济为指引，在大力发展数字经济的前提下不断提升中小企业的核心竞争力。

② 塑造一批具有影响力的自主品牌

为了推动实体经济快速发展，在落实产业融合工作的过程中需要打造自主创新品牌，并充分发挥品牌效应，提升自主创新品牌的影响力。

首先，应优化品牌海外拓展机制，打造在全球范围内具有一定影响力的知名品牌，并以该品牌为引领，带动整个产业的发展；其次，应加快推动制造业向智能化转型，将"中国智造"打造成一张国家名片，并为食品、汽车、化妆品、家用电器、纺织服装和消费类电子等多个领域的发展提供支持，在这些领域中培育专精特新企业并创建相应的高端品牌；再次，应从农业领域入手，深度把握农产品从育种到售后的整个流程中的各个环节，建立农产品品牌，并不断提高品牌的可信度，确保该品牌能够为居民提供安全、多样、可信的食品和服务；最后，还应鼓励企业培养品牌意识，加大对商标品牌资产管理的重视程度，并借助先进服务促进品牌创新，提高品牌的核心价值，增强品牌的核心竞争力。

③ 加强人才队伍建设

人才是支撑实体经济发展的重要资源，应不断加大人才队伍建设力度，大力推进人才"引、育、留"工作。

具体来说，首先，应提高人才政策的开放性，积极引进高层次人才，在人才方面为实体经济的发展提供可持续的驱动力；其次，应优化相关财税优惠政策，在政策方面为人才引进提供支持，并加大对各项相关技术、材料和设备的研发力度；再次，应鼓励相关工作人员积极创新，激发人才的创新潜能，畅通人才的发展通道，让更多人才流向优质企业，进而利用人才建立起创新发展优势；最后，还应加强企业与科研院所之间的交流合作，支持二者共同推进高端人才培养工作，培育能够同时掌握生产工艺和网络技术的综合型专业人才，并根据实际情况不断调整人才供需情况，加强实用型人才储备。

第 9 章

两业融合：
先进制造业与现代服务业

2019年11月，国家发展和改革委员会等15部门联合印发《关于推动先进制造业和现代服务业深度融合发展的实施意见》，该文件表示"先进制造业和现代服务业融合是顺应新一轮科技革命和产业变革，增强制造业核心竞争力、培育现代产业体系、实现高质量发展的重要途径"，并明确提出了推动两业融合的总体思路和目标。

2020年7月，工业和信息化部等15部门联合印发《关于进一步促进服务型制造发展的指导意见》，该文件表示"服务型制造是制造与服务融合发展的新型制造模式和产业形态，是先进制造业和现代服务业深度融合的重要方向"，并明确提出推动服务型制造创新发展。

01　两业融合的概念、内涵与意义

现阶段，我国制造业不仅能够完成生产加工方面的各项工作，还能够完成产品研发、产品设计、售后服务等服务业务，并从中获取经济效益。不仅如此，各个服务业部门也开始依靠机器提高工作效率，逐渐表现一些制造业的特征。由此可见，制造业与服务业的范围正在不断扩张，产业之间的边界逐渐消失，产业特征也越来越相近，二者逐渐呈现融合发展的趋势。

（1）两业融合的概念与内涵

近年来，数字技术飞速发展，同时应用范围逐渐扩大，在多个领域中发挥着十分重要的作用。数字技术的应用催生出各种新业态和新模式，例如云服务、智能制造、电子商务等，为制造业和服务业的发展提供了支持，而两业融合有助于统一制造端和服务端，能够在一定程度上优化和升级价值链。

先进制造业具有先进的技术、生产运营模式和组织方式，能够利用各种新兴技术和模式为生产制造过程中的各个环节赋能，进而增强整个行业的创新能力和竞争力。现代服务业融合了互联网和信息技术，能够借助各类新兴技术进一步拓宽服务领域。同时，现代服务业在运营模式、服务方式和组织形式方面也进行了创新，与传统服务业相比，具有高增值的特点。两业融合发展的主要途径如图9-1所示。

① 制造业服务化

制造业可以向客户提供嵌入式服务和混入式服务。其中，嵌入式服务可以向客户提供以核心产品为主的各项服务，并将这些服务业务

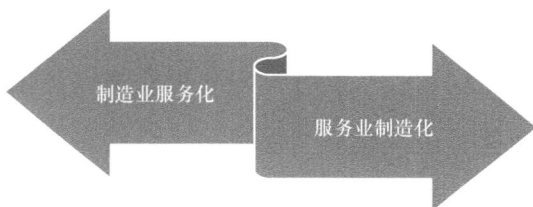

图9-1　两业融合发展的主要途径

融入生产价值链中，具有附加值较高的特点；混入式服务大多与主营产品之间没有较大关联，且主要以获利为目的。

② 服务业制造化

在整个价值链中发挥主导作用的服务企业大多具有较为先进的技术、成熟的管理制度和较为丰富的销售渠道，可以充分发挥自身在技术、管理和销售等方面的优势。

（2）两业融合的战略意义

目前，我国经济已逐步转向高质量发展阶段，发展方式、经济结

构和增长动力都发生了一定变化。为了实现经济高质量发展，我国需要促进制造业与服务业融合，提高二者发展的协同性，为二者之间的交流和互动提供支持。

① 驱动经济创新发展

创新是经济发展的重要驱动力，也是我国建设现代化经济体系的战略支撑。为了有效驱动经济创新发展，我国需要大力推动两业融合发展，借助两业融合提升新一代信息技术应用速度，革新制造业和服务业的生产模式、商业模式和组织模式，并进一步细化分工，打造适合科技创新的产业环境，充分发挥科技创新的作用，利用科技优化产品和服务。

② 提升产业国际竞争力

两业融合有助于企业挖掘自身发展潜能，同时也能够推动制造业对组织和技术进行革新，帮助制造业减少中间投入成本，提高产品附加值，进而全面增强我国制造业在整个国际市场中的竞争力，提升我国制造业在全球产业链、创新链和价值链中的地位。

③ 推动产业转型升级

两业融合催生了许多新业态和新模式，能够推动我国产业快速进入新一轮科技革命的浪潮当中，促进产业创新，提升产业转型升级速度，驱动我国经济实现高质量发展。

02 数字技术赋能两业融合机制

数字技术创新在产业融合的整个过程中发挥着十分重要的作用。具体来说，数字技术创新需要依托新一代信息技术，符合产业主体创新战略中的各项相关要求，并从技术体系变革和技术融合中获取动力，以充分发挥各项新兴数字技术的作用，推动产业向数字化和智能化的方向发展。

随着数字技术被应用于各种各样的场景，各类数字平台也层出不穷。数字平台大多具有覆盖主体多、应用范围广等特点，既能够在产品或服务的销售、流通、消费等多个环节中发挥作用，也能够影响企业经营、交易模式和市场需求。具体来说，数字技术驱动的两业融合机制如图9-2所示。

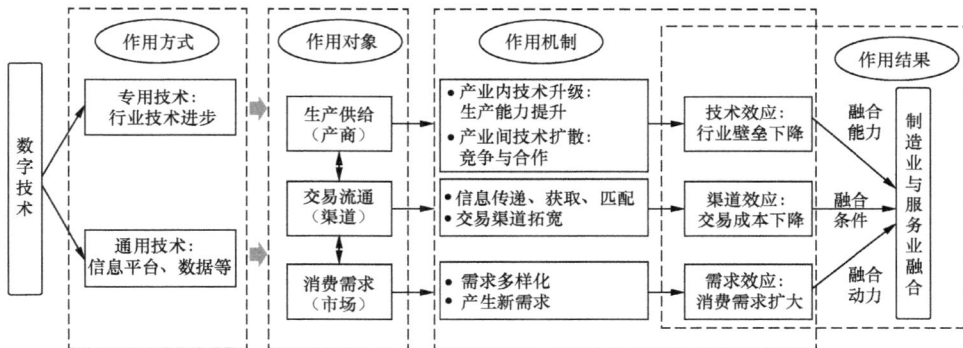

图 9-2　数字技术驱动的两业融合机制

从融合能力、融合条件和融合动力方面来看，数字技术驱动的两业融合机制具有的效应如图9-3所示。

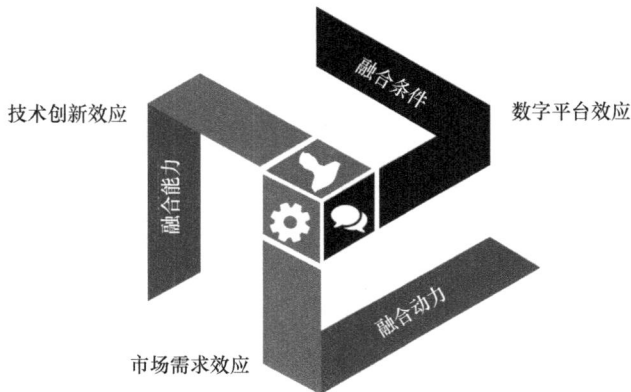

图 9-3　数字技术驱动的两业融合机制具有的效应

（1）融合能力：技术创新效应

"创新理论"的提出者约瑟夫·熊彼特认为，创新就是对各项生产要素重新进行排列组合，并打造出新的生产方式。数字技术是一种通用化的技术，且具有进步属性，能够与其他生产技术互补，在工业领域的应用能够改变传统的生产运营模式，实现对生产方式和组织方式的革新，进而引发技术创新效应。

一方面，数字技术在工业生产中的应用能够促进生产方式革新，助力企业深入挖掘自身的技术创新潜能，进一步提高企业的技术创新能力，同时也能够充分发挥机器人和人工智能等先进技术的作用，利用各种技术和工具代替人来完成各项工作，确保生产制造流程的科学性和高效性，进而有效提高劳动生产效率。

另一方面，数字技术的应用有助于企业优化基础设施和组织结构，革新经营模式。企业可以利用数字技术对各项生产支撑活动（如研发、财务、人力资源等）进行信息化处理，从而在增强制造能力的同时，大幅提升自身的研发能力。不仅如此，企业也可以借助创新升级技术和优化组织结构实现跨界经营，进而达到促进实体经济与服务经济融合，以及先进制造业与现代服务业融合的效果。

除此之外，数字技术在各个产业中的广泛应用也促进了不同产业在产品、业务和市场方面的融合发展，提高了各个相关产业的发展速度，同时也催生出许多基于数字技术的新产业，这些产业在国民经济中所占的比重越来越高。

一般来说，各类新兴产业在发展过程中会逐渐形成符合其实际情况的新模式，如新型外包业务等，这些新兴行业可以看作两业融合发展的产物，不能直接按照传统制造业或传统服务业的标准来进行划分。随着数字信息技术的创新效应在制造业中的影响范围越来越大，制造业中的各类产品、各项服务之间的关联也越来越紧密，制造业企业可以通过数字信息技术的创新对业务流程进行优化调整，打破技术对产业融合的限制，为客户提供产品和服务。

（2）融合条件：数字平台效应

数字技术创新促进了数字平台的革新，同时也为实现两业融合打下了良好的基础。在数字技术创新的影响下，平台经济体应运而生，这类企业大多处于整个生态链的顶端，有助于提升我国产业在全球生态链中的地位。同时，数字技术创新也能够集成各项资源，促进生产组织方式实现平台化变革，为平台构建包含多个主体、多项要素、多个产业的互动空间提供支持，加强产品整个生命周期中各个环节（如研发、设计、生产、制造、经营、管理、营销等）之间的联系，进而提高价值网络的开放性，在空间层面为两业融合提供强有力的支持。

数字平台提供了新的互动模式，让产品或服务的需求方与供应方可以在虚拟空间中进行互动，提高供需之间的传统价值链的碎片化和便捷化程度，为价值链各环节中的工作提供了便利，同时也为制造业企业进一步延长价值链条和参与高附加值的工作提供了支持。从交易模式上分析，数字平台不受时间和空间等因素的限制，可以支持供给与需求进行实时交互，让消费者随时随地通过网络交易平台进行消费。

此外，数字平台还具备一定的行业信息需求满足能力，能够为制造业和服务业的企业提供准确的行业信息，为企业的精准决策提供支持，让企业能够在运营过程中进行及时、灵活、有效的沟通，进而迅速把握发展机遇。数字技术在生产制造中的应用能够有效增强企业的灵活性和市场应变能力，提高产品生产效率，缩短产品生产周期，助力企业实现定制化生产和个性化服务，充分满足消费者多样化的需求。

（3）融合动力：市场需求效应

数字技术的发展和应用改变了人们的生产和生活方式。随着数字技术的广泛应用，供需双方交换流动逐渐取代单向输出流动，成为制造业和服务业中主要的产品供给模式。同时，生产服务一体化的新需求也应运而生，推动了先进制造业和现代服务业互相融合、协同发展。

近年来，人们的消费内容日渐多样化，基于数字技术的各类线上付费内容（例如互联网中的图片、视频、信息和软件等）在消费中的占比逐渐升高。对服务业企业来说，可以充分发挥自身在品牌和管理等方面的优势，以贴牌、外包等方式参与产品生产，实现服务与制造的融合。

数字技术在生产和生活中的应用激发了新的需求，这些新的需求又进一步驱动了行业的创新发展，同时也催生许多新兴行业和新兴业态，例如短视频、直播销售、在线租车和共享服务等，带动了整个产业链的发展。为了充分满足消费者需求，优化消费者的消费体验，生产者和服务者需要提高产品细致化、定制化和人性化程度，进一步丰富产品供给模式，为消费者提供个性化的服务，并确保服务与产品之间的匹配度。

进入数字时代，网络成为新的信息传递纽带，为生产者、供给者、消费者之间的信息交互提供支持。从理论上来说，厂商可以通过信息交互把握消费需求，在生产一些通用化、大众化产品的基础上，根据消费者的个性化需求进行定制化生产，以充分满足各类消费者的需求。数字技术的发展和应用提高了信息采集、信息分析和信息交互的有效性和精准性，有助于企业认识到个性化需求的重要性，从而充分发挥长尾效应的作用，帮助企业通过细小市场的积累获取更大的收益，同时也能够进一步扩大社会总体需求规模。

03 模式选择：两业融合实践路径

（1）两业融合的5种模式

先进制造业与现代服务业两业融合的模式主要包括以下5种，如图9-4所示。

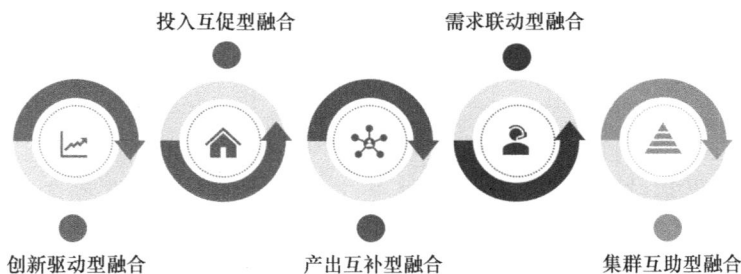

图9-4 两业融合的5种模式

① 创新驱动型融合

各类新兴技术的应用革新了制造业的商业模式、运营模式、产业形态和生产组织方式，加快了产品更新换代的速度。随着各类新兴技术的发展和应用，制造业企业不断加快转型升级的步伐，开始围绕客户展开各项工作，大力发展服务型制造，同时借助各项新兴技术推动服务外包走向市场化。

从发展方向来看，先进制造业与现代服务业之间具有一致性，在制造业转型升级的过程中，现代服务业需要加强技术创新，确保自身所应用的技术的先进性，并借助先进技术为实体经济的发展提供支持。

② 投入互促型融合

一般来说，生产性服务业的价值创造情况与制造业转型对其的依赖程度之间呈正相关，也就是说，当生产性服务业创造的价值增加时，制造业转型对其依赖的程度将会上升。

服务是制造业生产和经营过程中的中间投入品，各类生产性服务（如市场调研、研发设计、员工培训、管理咨询等）在制造业中的投入越来越多，制造业产品投入在服务业最终产品提供方面的占比也在不断提高，制造业需要通过大量的生产投入和技术支撑来支持服务业为消费者提供各项服务，例如大数据、云计算、互联网、移动通信等服务。

③ 产出互补型融合

制造业实体产品与其配套服务之间密不可分，两者之间相互融合、协同作用，共同为消费者提供完整的服务。在两业融合的影响下，制造业实体产品的内涵进一步丰富，既包含整个生命周期中的各个环节，例如产品咨询、施工安装、使用指导、维护管理、报废回收等，也可以作为一项以客户为中心的全面解决方案。各类新兴技术的广泛应用为两业融合提供了更多融合方式，推动先进制造业和现代服务业能够以更加灵活的方式进行产出互补融合，同时也有效推动了两业融合走向线上化和智能化。

④ 需求联动型融合

近年来，人们对生活品质的要求越来越高，带动了生活服务业快速发展，并催生出许多相关产品的生产需求，也在一定程度上促进了相关制造业的发展，提高了两业融合在内容上的丰富度。

具体来说，旅游、文化、健康、体育和养老等服务行业的发展能够催生出许多与之相关的制造需求，进而带动各种相关实体产品（例如健康食品、医疗器械、工艺纪念品、文化创意产品、地方特色食品、专业服装鞋帽、专业装备与器材、电子图书音像制品等）的生产制造业企业快速发展，并在此基础上构建了一个大规模的联动式产业链，以便为各个相关服务业企业提供支撑，并为企业提供新的发展机遇。

⑤ 集群互助型融合

制造业和服务业中的企业可以通过集群互助的方式助推转型工作，并提升自身价值。从实际操作上来看，集群互助主要涉及两种情况。

● 一是制造业集群与各个依托于制造业的服务业集群的互助。这种情况能够促进两者相互融合、协同发展，对企业来说，需要进一步优化供应链，提升各个相关方面的标准化和专业化程度，提高对配套功能衔接的重视。

● 二是位于不同区域的制造业集群与纯服务业集群的互助。这种情况能够实现二者的有效连接，促进二者互相融合、协同发展。对企业来说，需要进一步创新和优化市场供需机制和跨区域协调机制，在相关机制层面为两业融合发展提供支持。

（2）两业融合的三大表现形式

产业实践方面，融合创新实践通常会呈现多种模式的特征，在多种模式的选择中，两业融合的表现形式大致可分为以下3种类型。

① 服务型制造

本质上，服务型制造在价值链层面对制造业和服务业进行了融合，能够以市场需求变化和厂商价值提升促进产业发展。当两业融合表现为服务型制造时，制造业企业将会表现制造业产出供给服务化和投入辅助服务化两种情况。对先进制造业企业来说，可以对创意孵化、研发设计、供应链管理、共享平台建设和产品全生命周期管理等进行融合，为消费者提供各类现代生产性服务。

随着两业融合不断深入，服务型制造可以采用更多样、更灵活的方式进行协同盈利，以找到并选择更具先进性的发展方向。

② 生产性服务专业化、社会化

现代生产性服务业在专业化和社会化方面有着较高的要求，既要以开拓视野和创新应用为基础，与先进制造业互相协同，为服务消费者提供相应的支持；也要支持具有一定基础和条件的先进制造业企业充分发挥自身优势，使其借助优势业务板块为社会提供专业化服务，进而扩大市场，提升经济效益。部分制造业企业缺乏具有优势的服务环节，为了获得市场，需要主动与专业化的生产性服务业建立合作关系，以便在生产性服务业市场中抢占一席之地。

③ 服务衍生制造

从本质上来看，服务衍生制造指的是服务业向相关产品或服务的制造环节延伸。具体来说，部分市场需求较大的服务业企业（例如品牌电商、文化旅游等）可以综合运用各项要素资源，通过委托、授权等方式间接参与到与自身所提供的产品或服务相关的制造环节中，实现由服务向制造的扩展；部分科研院所和专业研发设计企业可以利用各项技术加速科研成果落地，让各项研究成果能够在制造业中发挥作用，进而实现向制造领域的扩展；部分创意咨询类企业可以将自身的文化创意融入生产制造，进而实现文化创意产业向制造领域的延伸。

04　对策建议：推动两业融合发展

两业融合能够在一定程度上反映未来产业的发展方向和需求变动趋势，随着两业融合日渐深入，先进制造业和现代服务业将互相促进、共同发展。为了进一步推动两业融合发展，我国除了尊重市场供需规律，顺应产业发展趋势，还应充分发挥政策的支持作用，找准政策发力点。推动两业融合发展的对策建议如图9-5所示。

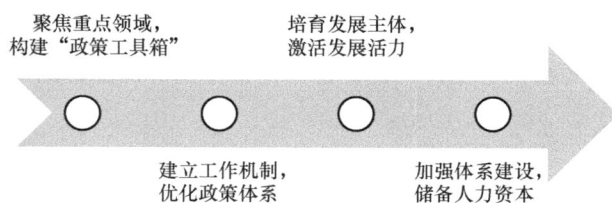

图 9-5　推动两业融合发展的对策建议

（1）聚焦重点领域，构建"政策工具箱"

应深入了解自身的产业发展情况和国际市场的大环境，把握创新应用和市场需求的发展趋势，并以各个能够反映这些发展趋势的领域为中心，明确融合发展和政策扶持的发力点，从政策、资金、人力、土地、标准和统筹协调机制等多个方面为两业融合提供支持，并根据实际情况建设"政策工具箱"。

《关于推动先进制造业和现代服务业深度融合发展的实施意见》梳理了10种具有较大发展潜力和良好发展前景的典型业态和模式，提出了加快原材料工业、消费品工业、装备制造业、汽车制造业等重点行业双向融合发展的10项路径。在推进两业融合发展的过程中，应充分把握各个地区及其周边地区的实际情况，并据此开展相应的融合实践活动，采用灵活的方式在各个地区之间传播融合发展经验，为各个地区推进两业融合项目提供支持，防止出现盲目开发和资源浪费等情况。

（2）建立工作机制，优化政策体系

应充分认识到部门协作的重要性，并进一步梳理工作流程，确立高效协同的工作机制和监管机制，制定和规范产业融合交叉行业的市场准入规则，在适当的范围内干预两业融合发展，降低准入门槛，为产业融合提供支持。同时也要针对统计评价、产权保护、信用建设、招投标管理、资质与认证等方面进行革新，确保这些内容均可服务于两业融合发展。

除工作机制外，还应加大对相关政策体系的重视，并对其进行优化。从实际操作上来看，需要通过调研的方式了解各个相关企业的诉求，并以新的技术和模式为指引，为相应的重点融合领域提供项目补贴、贷款贴息、税费减免、用地调整、奖励配套等政策层面的支持，促进融合创新业态发展，同时也要找出有条件的地区，鼓励这些地区根据自身实际情况设立融合发展引导基金，并制定相应的基金申请标准，支持各个地区从自身实际情况出发建设服务平台，为当地的企业提供常态化的两业融合咨询与培训，让参与两业融合项目的企业可以得到更多的发展资源。

（3）培育发展主体，激发发展活力

应充分发挥扶持培育、引资新建、大众创业等手段的作用，落实各项相关扶持项目和服务，培育多元化融合发展主体，具体如下。

- 支持各个头部企业发挥其引领作用和支撑效应，并从创新应用、经营模式、品牌建设、经典项目等多个方面入手，找出切实可行的发展道路，为行业内其他企业的融合发展提供经验、指引和参考。

- 大力培养和扶持各个专精特新企业，支持各个中小微企业创新发展，促进企业之间的业务合作和融合，从合作方式上来看，主要涉及行业协会、企业联盟、协作配套等方式。

- 强化平台型企业的资源整合能力，支持这类企业进一步扩大服务范围，增加服务深度。

- 带动高校、科研院所等机构参与两业融合发展，并借助这些机构的各项优势加快两业融合的产学研一体化实践的落地速度，推动两业融合快速发展。

- 为行业协会提供支持，以便行业协会以两业融合为中心开展各项相关工作，促进先进制造业与现代服务业融合创新发展。

此外，需要切实落实"一带一路"倡议，支持先进制造业和现代服务业中具备一定条件的企业加入"一带一路"建设队伍中，同时也要加强国际合作，提升自身在技术研发应用、市场咨询研究、经营管理创新和产品全生命周期解决方案优化等方面的能力，并在法律、融资和风险管理等多个层面，为涉及两业融合的各个企业提供支持，让

企业在国际竞争中不断提升融合创新能力和协同发展能力。应在先进产品和服务的进出口方面发力，出口各项先进产品和现代化服务，树立中国制造和中国服务品牌形象，进一步增强我国经济的国际竞争力和国际影响力。

（4）加强体系建设，储备人力资本

应引进和培养高层次复合型人才，加大人才储备力度，优化人才培养模式，以充分发挥人力资源的作用，借助这些人才在融合视野和跨行业实践经验等方面的优势推动两业融合发展，具体可从以下维度着手。

● 从学校和机构方面来看，应在充分把握市场动向的基础上创新订单教育与精准培训机制，支持职业学校、高校和专业培训机构加快人才定向培养的步伐，在人才层面为两业融合发展提供支持。

● 从企业方面来看，应鼓励企业落实新型学徒制，并支持参与到两业融合发展当中的各个企业加强对复合型人才的培养和储备。

● 从管理制度方面来看，应重塑人才管理评价制度，提高人才管理的灵活性。

● 从交流合作方面来看，应建立新的技能培训与人才交流合作长效机制，为不同地区、不同行业的企业就人才培训工作进行交流和合作提供支持。

● 从战略和政策方面来看，应支持各个地区因地制宜地制定优化人才发展战略，并根据实际需求出台相应的政策。

● 从人才育留方面来看，应以实用为目标，加大对地方人才培养和扶持的重视程度，帮助地方培育、吸引、留住推进两业融合发展所需的各类人才。

第 10 章
三产融合：
乡村振兴战略的实施路径

党的十九大报告中将"产业兴旺、生态宜居、乡风文明、治理有效、生活富裕"确立为实现农业农村现代化的总要求。其中，产业兴旺是乡村振兴的基础支撑，而"促进农村一二三产业融合发展"的实施方案则进一步指明了走好产业融合发展道路是实现乡村振兴的关键。

01　三产融合：赋能乡村振兴战略

（1）三产融合的概念

从广义上来说，三产即第一产业、第二产业和第三产业。

● 第一产业为农业生产，改革方向为因地制宜发展区位特征明显的特色农业、绿色可持续的循环农业和以现代科技为支撑的现代高效化农业。

● 第二产业为农产品加工业，其建立在农业物料、人工种养或野生动植物资源基础上，涉及食品加工业、食品制造业、饮料制造业、烟草加工业、纺织业、服装及其他纤维制品制造业等12个行业。

● 第三产业为农产品市场服务业，改革方向为延伸农业产业链，拓展农业产业范围，提升农产品附加值，包括旅游农业、休闲农业、传统文化体验等。

三产融合立足于农村的自然资源与文化资源，通过产业联动、产业聚集、技术渗透、体制创新等方式，使农业生产、农产品加工及农产品市场服务实现农业生产力的提升、农业生产要素的重组与农业生产关系的调整，构建多层次、多业态、多模式的现代化立体农业结构，优化农村产业布局，增强农村产业韧性，革新农业经营体系，助力乡村全面振兴。农村三产融合机制如图10-1所示。

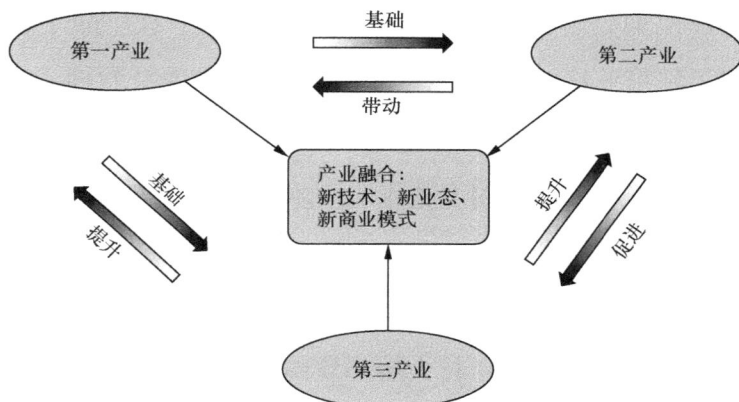

图 10-1　农村三产融合机制

（2）三产融合助力乡村振兴战略

三产融合的本质是实现农业产业链和价值链的优化升级，通过延长已有产业链、补充配套服务链、建立创新价值链，构建农村全产业链图谱，推动各农业环节和农业主体的有效衔接、耦合配套、协同发展。进行三产融合，首先应提升农业生产力、农产品加工效率，并做好相关配套服务工作；其次，三产融合应注重产业创新、模式创新、产业开拓，通过创新激活新的发展活力；最后，三产融合应注重农村一二三产业的协同发展，实现多层次利益协调，形成农业产业集群效应，促进各产业、各环节、各主体的互惠共享、互利共生。

三产融合的最终目的在于优化传统的土地、劳动力、资本、技术等要素的配置，以数据要素进行驱动，实现农村产业布局的调整优化，实现产业兴旺，为乡村振兴提供支撑。

① 产业兴旺是乡村振兴的基础

产业兴旺提供了乡村全面振兴的物质动能与精神动能，具体涉及技术进步、粮食安全、农民增收、技术创新等方面。

在物质层面，首先，乡村产业的发展推动了农产品生产力的提升，稳固了种植业这一传统乡村主业；其次，产业链延伸、产品附加值提升，为农民提供了大量的就业岗位与多元化的增收途径；最后，乡村产业的发展高效地吸引了技术、资本等生产要素向乡村流动，推动了相关基础设施的建设，为乡村发展注入更多创新活力。

在精神层面，一方面，乡村产业发展过程中倡导的绿色、健康、可持续理念与生态宜居、乡村人居环境的建设相吻合；另一方面，观光农业、文化展示等产业的发展盘活了乡村中的优秀文化，有利于乡村传统文化的传承和丰富民众的精神文明。

② 三产融合发展是产业兴旺的出路

产业兴旺的本质在于激发乡村产业发展潜能。三产融合发展，一方面能够在农民这一主体与农业生产各个环节之间建立紧密的联系，丰富农民的收入渠道，优化农民的收入结构，真正实现农民富裕；另一方面，随着产业间的相互渗透、相互融合程度不断加深，能够进一步激发产业内部的各类创新因素，延伸更多产业分支，使农民能够通过各种要素的优化重组实现创新创业，进而实现农业的可持续发展、高质量发展。

③ 三产融合和乡村振兴战略发展目标内在统一

三产融合通过农村一二三产业之间的优化重组、整合集成、交叉互渗，能够实现产业功能的丰富、产业链条的延伸、产业范围的拓展，发展丰富的业态形式和更加多元的产业主体，最终推动农业整体发展水平的进步，提升农产品的附加值，从根本上解决"农业、农村、农民"问题，推动农村的现代化发展进程，促进城乡发展的平衡。

乡村振兴战略的实施聚焦"产业、人才、生态、组织、文化"5个方面，进一步丰富和革新了乡村的内涵，借助更大范围、更高层次的社会产业大循环促进城乡之间的要素流动，以及乡村要素的优化配置，描绘出农业强、农民富、农村美的乡村新图景，开启城乡融合发展和现代化建设新局面。

02　横向产业融合与纵向产业融合

结合具体实践进行分析，农村一二三产业具有多种融合形态，且根据不同的标准能够进行多类别划分，如图10-2所示。

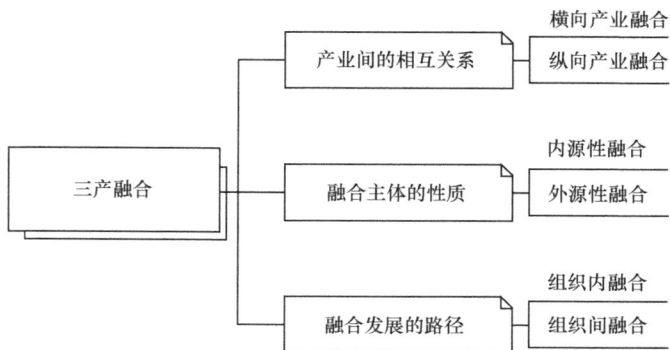

图 10-2　三产融合类别划分

依据产业间的相互关系，三产融合可分为横向产业融合和纵向产业融合。

- **横向产业融合**：在已有产业链的基础上进行产业范围的扩增，

即赋予农业更多的功能，例如观光农业赋予农业旅游业的功能，农业文化体验赋予农业文化产业的功能。

● **纵向产业融合**：产业链的延长拓展，即构建农业与其他产业间的联系，例如在"原材料基地+中央厨房+物流配送""中央厨房+餐饮门店"等模式中，让农业成为餐饮业的一环。

以融合主体的性质为划分依据，可分为内源性融合和外源性融合。

● **内源性融合**：主体以农业生产主体为主，包括农户、专业大户、家庭农场及农民合作社，主要方式有农林结合、种养结合、农牧结合等，主要通过融合主体提升资源的利用效率，提高产品质量。

● **外源性融合**：主体以非农业生产主体为主，包括农产品加工企业及流通企业，主要方式有应用数字农业技术、农业高新技术等培育现代农业生产新模式，实现农产品线上线下交易与农业信息深度融合。

以融合发展的路径作为划分依据，可分为组织内融合和组织间融合。

● **组织内融合**：家庭农场、农产品合作社等实现加工销售的全流程产业链，或农业企业自身对农业生产全过程进行集成，进行一体化经营，提升经营过程中各要素在各个环节的流通效率。

● **组织间融合**：领先企业与农户、家庭农场、合作社等进行合作，形成互补效应，更好地进行分工。

下面以横向产业与纵向产业融合为例，简要分析农村三产融合的实践路径，横向产业融合与纵向产业融合见表10-1。

表 10-1　横向产业融合与纵向产业融合

类型	名称	举例
横向产业融合	一三产业之间的融合	休闲观光农业、创意农业、会展农业、环保农业
纵向产业融合	垂直一体化模式	农业产业化
	分工合作模式	公司＋农户、合作社＋农户、公司＋合作社＋农户、公司＋合作社＋基地＋农户
	空间产业集聚模式	"一村一品""一乡一业"
	循环经济模式	"种植业—养殖业—生物质产业—种植业"循环模式

（1）横向产业融合

当前，农村横向产业融合主要表现为农业生产与拓展延伸农产品功能等发展的配套服务业的融合，即不断对农业的附属功能进行发掘与拓展，通过农业科技、文化、教育、环境等因素对农业进行赋能，建立农业与生态休闲、旅游观光、文化传承、科技教育等领域之间的桥梁，实现农业对生产、生活、生态的高效渗透，将农业与文化、旅游、教育等进行多维度融合。

休闲观光农业、创意农业、会展农业、环保农业等提供了农业横向融合的范本。其中，休闲观光农业实现了农业与旅游业之间的交叉渗透，开辟了农业新形式；创意农业对农业与文创产业进行创新性组合，激发了农业新活力；会展农业将农业与商务、教育产业相互融合，创造了农业新场景；环保农业则实现了农业与生态保护、环境治理的统一，指引了农业发展新方向。

（2）纵向产业融合

纵向产业融合则依据产业间不同的关联方式，发展出多种应用模式。

① 垂直一体化模式

这种模式多见于组织内的产业融合，主体往往是大型企业或合作社，该模式的组织与农产品的各个加工环节相统一，贯穿农产品生产、加工、销售的上中下游，实现对产品全生命周期的覆盖，从而形成"贸工农"全链条，大幅提升了各个生产链条之间的衔接程度，缩短了产品周期，有效降低了产品生产成本。

② 分工合作模式

这种模式多见于组织间的产业融合，主体包括企业与合作社，常见的融合手段包括展开订单合作、进行统购统销、实行风险共担等，打破了农村一二三产业的空间限制，主要形式包括"公司+农户""公司+合作社+农户""公司+合作社+基地+农户"等。

③ 空间产业集聚模式

这种模式主要是将一个区域内部的各种产业进行融合，区位特征较为明显，区域内的资源条件、发展定位、产业特点等因素对其影响明显，其产业形态往往是以农村特定区域内的某一点为中心，农村一二三产业呈点块状布局，所形成集群的区域空间往往具有资源能源、交通、基础设施等方面的优势。

④ 循环经济模式

这种模式以产业链条为融合载体，以实现资源的高效利用为核心理念，其依托于农业内部的种植业、养殖、畜牧等子产业之间，以及农业与加工制造业之间的自然生产关系所形成的链条，形成相互配合、有机衔接的发展闭环，"种植业—养殖业—生物质产业—种植业"模式的循环是该模式的典型代表。

03　国外农村三产融合的实践经验

三产融合既是赋能乡村产业发展的动力引擎，也是未来经济发展的大势所趋，加快其发展进程对加快国家现代化经济体系建立、实现高质量发展具有重要意义，一些国家已经积累了农村三产融合的实践经验，其中以日本、韩国、意大利和美国最为典型。

（1）日本推动多种经营

1944年，日本提出"第六产业"这一术语，代指一二三产业融合。发展农村"第六产业"，即鼓励农户丰富经营方式，以传统的种植业、养殖业为基础，通过发展食品加工业、农资制造业、观光旅游业等，实现农产品的加工链、服务链、功能链延伸，以此促进农村一二三产业融合，激活农业内在发展潜力，推动乡村经济结构调整升级。

日本政府在制定乡村经济发展战略的过程中对"第六产业"所提供的乡村经济发展的有关方案进行了采纳，并通过一系列政策文件的发布予以落实。日本在2008年12月召开的内阁会议上提出了《农山渔村第六产业发展目标》，这是"第六产业"一词首次在其政策大纲中被提及。2010年3月，日本内阁会议通过了新的《食品、农业和农村基本计划》，提出要将"六次产业"的发展作为促进农民增收、农业升级的关键抓手，进一步为农村产业发展注入活力。

（2）韩国加强产业关联

韩国同样使用了"第六产业"的概念，其核心是以农村为主要"阵地"，以农民为第一主体，充分发挥农村自然资源和文化资源优势，通过将农产品生产与制作、加工与流通、销售、文化、体验、观光等进行结合，强调农业的多功能发展，实现农业增值，提升农民收入。

2013年8月，韩国农林食品部设立规模达100亿韩元的"第六产业相生资金"，用于为农村一二三产业融合发展提供资金支持。2016年年初，韩国农林食品部公布《通过转向"第六产业"来促进农村经济发展和出口的相关措施》，该文件以体系建设为核心思想，提出要着力构建以农业生产为中心，以农产品加工、销售出口和旅游业为环绕的多层次立体农业体系，通过农村一二三产业之间形成的互补效应实现农业价值创新，逐步推动农业向"第六产业"改造升级。

上述农业体系强调企业这一非农业主体在"第六产业"发展中的作用，通过培育一批头部企业，提升对技术、人才、资本等外部要素的利用效率；通过企业在资本、市场和经营管理上的优势，推动"第六产业"快速形成专业化的经营组织形式，真正实现经济效益的大幅提升。相关的加强产业关联的措施涵盖了农村旅游、农产品加工制造、农业生产现代化等方面。

（3）意大利做大休闲农业

意大利在农业发展过程中充分注意到了通过模式创新、业态创新实现农业高质量发展和可持续发展的重要性，因此在大力发展传统农业的基础上，积极探索农业的功能拓展，打破了农业与其他高附加值产业的壁垒，通过农业的商品化生产与服务业的深度融合实现农业的高附加值发展，休闲农业是其实践效果较好的尝试之一。

意大利所提出的休闲农业概念在世界上具有开创性意义，早在

1865年，意大利就已经成立了农业与旅游全国协会，引导城市游客到乡村体验农事生活，享受乡村的自然风光；1985年，意大利颁布了《农业旅游发展保障法》，将农业旅游纳入法律，开辟欧盟成员国之先例。根据意大利统计局提供的数据，截至2014年，意大利国内休闲农场达到21744家，其中提供住宿服务的有8937家，占总数的41.1%；提供餐饮服务的有9785家，占总数的45.0%，既提供住宿又提供餐饮服务的有8028家，占总数的36.9%；10298家农场还提供包括农事活动体验、乡村高尔夫、农业生态教育等其他类型的休闲服务，占比47.4%。由此可见，意大利休闲农业已发展得较为成熟。

（4）美国发展农业综合企业

美国通过发展纵向产业融合模式，形成了极具代表性的农业综合企业，采用垂直经营模式，统一领导涉及农村一二三产业的农产品生产、流通过程，以及农用物资的生产、供应等环节，以此实现生产要素在生产过程中的快速流通，让产品的供应、生产、销售、服务各个环节高效衔接。按照主体进行划分，美国的农业综合企业可分为农工综合企业、公司农场和农场主合作社3类。

据Mordor Intelligence统计，2024年美国垂直农业市场规模预计为35.6亿美元，预计到2029年将达到59.5亿美元，在预测期内（2024—2029年）复合年增长率为10.80%。借助农业综合企业，美国实现了农业、制造业、物流业、信息服务业与金融业的融合，形成了以农工综合企业、工商企业和农业合作社等行业组织为引领，产业上中下游紧密衔接的一体化产业经营体系。

04　国内农村三产融合的实践经验

现阶段，我国农村三产融合发展的进程不断加快，涌现出一大批新业态新模式，涉及农业产业内部的融合、农业与外部产业的融合、高新技术产业向农业的渗透融合、新兴产业的替代融合等方面，具体可以归纳为4种类型。

（1）产业内部融合型

产业内部融合重在强调种植、养殖等农业基础产业结构的调整，以实现对各种生产要素的高效利用。农户、企业、农业生产合作社等各主体充分发挥自身农业区位优势与农业资源优势，借助农业内部的产业连接，不断进行生产链延伸，进一步丰富农业经营形式。结合自然规律进行种植业、养殖业的多元组合，以现代农业技术为支撑，构建起持续发展、高效循环的生态农业链，在促进农业产业发展提质增效的同时，践行环境友好的生态发展理念。

湖北省潜江市的虾稻特色产业是产业内部融合的典型案例，自1990年起，潜江市开始利用稻田进行野生虾养殖的尝试，有效解决了地势低洼导致的湖田排水困难、稻田利用率低、水稻种植高成本、低收益等问题，很快在该地区获得了普及。

"虾稻共作"即人为构建小龙虾与水稻的共作共生系统，将稻田原有的狭窄条形排水沟扩大为环形虾沟，用于插秧时节小龙虾的临时蓄养。秧苗长实后，幼虾再一次被迁移至稻田，为水稻提供有机养料，同时以稻田为栖息地，以塘底生物为食，实现循环共生。一年时间里，农民可分别在4月、5月、8月、9月收获小龙虾，实现一年"一稻两虾"的收益，有效提升了对稻田的利用率，增加了水稻产量，实现了收入的翻倍。当前，该模式已在潜江地区大范围普及，极大程度上助力了当地的精准扶贫和乡村振兴工作。

（2）产业链延伸融合型

农业产业链延伸强调围绕农业中心的纵向资源整合，提升各个生产环节的衔接度，拓展利益空间。农业经营主体借助优势产业的辐射作用，实现价值链条向产业上下游的拓展延伸，例如，以农业种植业为基础，利用高水平的加工技术实现提高农产品的附加值，对单一农产品进行精细分解，实现其多效用途，提高价值转化率。同时，通过农产品供销一体化实现产业链的向下延伸，形成品牌效应，极大地提高了农业经营收益。

广东省肇庆市的封开杏花鸡产业提供了产业延伸型融合的范例。杏花鸡原产于封开县杏花镇，具有较高的活鸡出口价值，近年来，其产业发展得到了封开县的大力扶持，年饲养量达到3000多万只。2019年，封开县杏花鸡省级现代农业产业园正式创立。

以主导产业杏花鸡为引领，封开县实现了县内产业结构的调整升级，不断扩大产业规模，培育出一批专业化的领先企业，将杏花鸡品牌迅速在市场上推广，通过数字技术、现代生物技术等保障产品品质，提升产业体系链条完整度与附加值。通过保种、育种、养殖、屠宰、深加工、饲料生产、销售一体化产业链条的构建，杏花镇不但将杏花鸡产业做强做大，还为其他资源创造了价值应用空间。例如，原本被大片撂荒的农田，如今被饲料厂充分利用，通过种植玉米来为杏花鸡提供饲料，既降低了生产成本，同时也实现了土地资源的再利用。

（3）功能拓展融合型

农业功能拓展融合以传统农业为支撑，通过旅游业、文化产业、教育业等服务业与农业的互相交叉、互相渗透，赋予农业更多功能，让农业能够创造更多的消费场景。例如，将传统农业与旅游业、文创产业等进行融合，用乡村风光、农事活动、农耕文化、农业生态教育等作为吸引游客的亮点，打造具有地方特色的农家乐、农耕文化体验馆，从而发展农业生态采摘、休闲农业，打造创意农业新业态，激活了新的消费潜力，提供大量就业、丰富农民营收渠道的同时，也盘活了乡村的文化资源，对美丽乡村、宜居乡村的建设起到了重要推动作用。

贵州省湄潭县的茶园经济树立了功能拓展型融合的典范。湄潭县处于云贵高原东部，种茶业有着较长的历史。如今，茶叶仍然是湄潭县大力发展的主导产业，2021年湄潭县茶叶总产值突破60亿元。

茶叶始终是湄潭县的主力产业，除了传统的茶叶种植、生产、加工，该县还大力发展茶文化、茶饮食、茶工艺品、茶养生等衍生产业，并通过"中国茶海""翠芽27°"和"天下第一壶""贵州茶文化博物馆等"等自然景观和人文景观，打造极具特色的"茶农业+旅游业"模式，形成了"茶叶种植业带动衍生产业与旅游业发展、旅游业与衍生产业助力茶叶种植业品牌宣传"的良性循环。

（4）科技渗透融合型

农业科技渗透融合强调现代信息技术对传统农业的赋能。通过物联网、云计算、大数据等技术实现对数据这一生产要素的高效利用，既能在生产过程中有效提升生产力，又能够在经营过程中快速获取市场信息，洞察市场需求，实现科学决策。例如，通过物联网、云数据等技术，检测农产品种植、农产品加工过程中出现的各种情况，优化生产流程，实现农产品质量的提升并降低生产成本；通过电子商务平台，高效实现与合作商、与客户的对接，及时获取客户的反馈意见，辅助农业企业进行决策，实现高效流通、科学运营。通过农业大数据，互联网成为推动现代农业模式创新、业态创新的发展动力。

灯塔盆地国家农业高新技术产业示范区位于广东省河源市，依托于国家政策扶持，该示范区以直接服务产业发展为目标，搭建了一系列国家级、省级农业创新平台，带领周边村镇进行太空育种的"试种"实践，提供了典型的科技渗透型融合样本。

2022年，灯塔盆地国家农高区研究院选种的"华航51号"（俗称"太空稻"）、华航香银珍、航聚香等多个航天水稻品种在河源市东源县柳城镇顺利播种，相较于普通水稻，太空稻植株更高更粗壮、果型更大、产量更高且口感更好，各项指标都有所提升，因此具有更强的市场竞争力。而且稻米收获后，由广东兆华种业公司全部回购，相较于普通水稻价格明显提高，农业与科技的深度融合打开了灯塔盆地农民农业致富的大门。

第四部分

双链融合篇

第 11 章

双链融合：
推动新质生产力快速发展

创新链与产业链的深度融合可以形象地描述为"科学家与工程师的相互理解"，涉及科技创新与产业发展主体间的相互配合、进程间的相互渗透与成果间的融合统一。在现代经济发展格局中，科技创新与产业发展构成一体两面的关系，彼此紧密依存、难以割裂，创新链为产业链提供向上生长的驱动力，产业链为创新链提供持续扎根的土壤。

01 双链融合的意义

新质生产力以科技创新为根本驱动、以新兴产业为主要载体、以绿色发展为基本方向。因此，客观上必须深化科技创新与产业发展的相互融合，以技术创新为产业发展赋能，以产业发展支撑科技创新，为新质生产力的培育和发展创造良好环境。

然而，当前我国的科技创新与产业发展之间仍存在供需矛盾，科研成果与产业发展需求脱节。这主要表现为高校的科研成果难以直接服务于产业发展需求，项目落地后创造的实际价值有待提高。

从企业需求角度来看，重点产业领域仍面临关键技术难题，相关产业的发展还不够充分，因此，必须推动以市场为导向的基础研究在关键技术领域取得突破。从高校科研供给角度来看，科研成果主要集中于应用研究领域，基础研究的支撑能力不足，无法满足我国产业基础升级、产业链现代化改造的需要。总体来讲，在基础科研成果和高素质研究人才方面仍存在供需不匹配等情况。

提升产业需求对科技创新的引领作用，需要创新链的全链参与，既要保障上游基础研究的源头供给能力，又要加快下游应用成果的高效落地。打通我国高校科研团队的科研供给与企业发展的技术需求之间的壁垒，实现高质量的校企循环模式，充分发挥市场在创新资源配置中的决定作用。一方面，高校与科研院所的基础研究与应用研究要结合国内产业发展实际，锚定重点产业的关键技术难题与制约产业发展的行业基础性技术难题，从源头和底层对其进行深入研究、有效解决。另一方面，高校的科技成果转化应与企业技术需求对接，以企业应用转化为目标。

双链融合对加速我国新质生产力发展、构建高质量经济发展体系至关重要。各经济主体与科研主体应充分把握创新链与产业链之间互融互渗、相互依存的关系，实现科技创新与经济发展同向发力、协同联动。双链融合的意义如下。

（1）有助于强化科技创新的产业需求导向

创新链涵盖了从基础研究到成果产业化的各个环节，而产业链则涵盖了从产品研发到产品销售的各个环节。推进双链融合，能够加快科技创新各环节与产业发展各环节之间的交叉渗透，推动科技创新为产业发展各环节高效赋能，实现产业内部的革新升级。同时，产业发展各环节的技术需求为科技创新指明了方向，也为科技创新成果提供了更多的应用场景，从而为科技创新提供源源不断的驱动力。

广州工业智能研究院与广东省内针织印染行业的头部企业互太纺织有限公司开展合作，在多年的合作中，研究院的科研团队以解决企业在生产过程中的技术难点、技术堵点、技术痛点为目标，利用企业提供的资金与应用场景支持，对互太纺织多个生产环节创新性地打造技术升级方案，大幅提高了互太纺织的生产力，推动了互太纺织的智能化与绿色化升级。在应用取得一定的成功后，研究院的科研团队再次调整优化科研成果，实现了行业推广，发挥了更大的价值。

（2）有助于调整科技成果转化模式

推进双链融合，能够有效地发挥多主体的创新协调作用，使企业、高校、科研院所更好地参与技术和产品研发，从而优化创新过程中的要素配置。在双链融合的背景下，高校能够通过企业更好地获取前端市场信息和产业发展技术需求，提高科研成果与市场趋势和企业技术需要的匹配度，实现科研成果与产业需求的精准对接，同时缩短产品和技术的研发周期，提高科技成果转化率。实践表明，双链融合能够提升企业、高校和科研院所的抗风险能力，更好地推动创新要素在创新主体之间高效流通，优化创新力量，支撑实体经济发展。

（3）有助于建立完善的科技成果转化机制

推进双链融合，能够畅通产学研转化通道，实现高校科技创新与企业价值转化的高效衔接，更好地发挥企业在科技创新中的主体作用，形成科技创新与产业发展的良性循环。

科技创新的方向主要来自企业的产业发展需求，企业的参与能够为科技创新提供更多的实践与应用场景，更好地实现科研成果落地。企业在参与创新链的建设与运营过程中也能更好地把握技术发展情况，预测行业走势，从而在经营过程中深刻地洞察市场。这既保证了科技创新成果能够顺利完成价值转化，又为自身的经营决策提供了技术支撑。

（4）有助于提升产业链现代化水平

推进双链融合，能够构建高效的资源与要素流通网络，推动资源和成果共享，加快技术创新与产业变革速度，构建良好的科技创新与产业发展生态，实现科技创新对实体经济的全面赋能。同时，双链融合能够增加科技创新与产业发展内部的联系，丰富产业发展的层次与维度，实现生产要素的创新性配置。

此外，随着新一轮技术革命与产业变革的到来，高质量的现代化经济发展格局正逐步确立，信息化与产业化的深度融合成为经济发展新趋势。推进双链融合，能够实现新需求催生新成果、新成果塑造新模式、新模式形成新业态、新业态激发新需求的良性循环，更好地实现经济增长方式的转变。

02 创新链的概念与结构特征

在当今全球科技革命与产业变革的背景下，充分发挥科技创新对经济发展的驱动作用，通过创新链与产业链的深度融合来提升经济发展韧性，创造新的经济发展比较优势，是我国融入全球价值链、推动我国由要素型增长转向创新驱动型增长的关键。

20世纪70年代，创新链的概念形成，其最初主要作为描述创新过程的词语进行使用。随着科技创新对经济发展的驱动作用不断凸显，创新链的内涵也逐渐丰富，涵盖创新的源头与末端，包括创意产生、创新实现和商业化应用全过程。通常认为，创新链是以某个主体的创新活动为中心，对创新活动本身及其成果产业化过程中涉及的一切环节、要素和其他主体进行串联而形成的链状功能性结构。

创新内容涉及多个方面，包括对某一领域的发展起到基础性作用的理论创新、对某一领域起到革新作用的技术创新、对某一产业起到引领作用的产品创新，以及对整个经济发展起到促进作用的制度创新和组织管理创新等。不同创新链在创新过程中可能会交叉渗透，在社会生产时空内，不同类别、不同层次、不同发展阶段的创新链相互链接，形成复杂的创新网络，与外部创新条件及创新环境共同构成特定时空条件下的社会创新生态。

以主体作为划分依据，可以将创新链划分为政府及科研机构主导型、科技领先企业主导型、其他主体主导型3类，如图11-1所示。无论何种创新链，其最终目的都是满足社会发展的需要，为经济发展和社会进步服务，因此不同主体主导的创新链结构存在一定共性；但各个主体本身在创新资源、创新机制等方面存在差异，因此其主导的创新链在结构、与产业链的融合机制、涉及的创新内容等方面存在差别。

政府及科研机构主导型创新链
➤ 链条结构完整、环节清晰
➤ 基础科学研究具有主导作用

其他主体主导型创新链
➤ 主导者具有较大的偶然性与模糊性
➤ 更倾向于创新活动引领而非创新主体引领

科技领先企业主导型创新链
➤ 链条结构更简单
➤ 具有较强的针对性

图 11-1　主体维度的创新链划分

（1）政府及科研机构主导型创新链

这种创新链往往拥有较为充足的预算、高水平的人才队伍及较为健全的创新转化机制，服务对象往往是一个区域或一个行业，成果具有一定的技术普惠性，一般涵盖基础科学研究、应用研究、技术研发、产品设计、样品反馈、技术优化、大范围推广、价值实现等多个环节，链条结构完整、环节清晰。

基础科学研究在该类创新链中具有主导作用，以基础学科的突破实现相关领域的整体水平跃升是该创新链最为显著的特征。同时，这类创新链的创新内容也涉及多个方面，既有常见的科技创新，例如在芯片、机器视觉等具体技术上的创新；又有理论、制度和组织管理方面的创新，例如以科技创新推动产业创新理论、有关未来产业发展的制度构建、生成式人工智能驱动的组织管理等。

可以将创新过程中的各环节与各主体类比为商品供应链，政府和科研机构位于链条源头端，承担着商品生产者的角色；当科研成果产出后，会到达应用端，即企业和终端消费者，他们一方面通过需求为源头端的成果产出提供动力及其应用场景，另一方面也在产品应用后向源头端提供应用或体验反馈，为产品的升级指明方向，辅助源头端提供更优质的产品供给。在两者的双向积极互动中不断推动创新水平螺旋式上升，例如，下游企业及终端消费者的意见反馈能够催生出新技术和新产品。

政府及科研机构主导型创新链的优势在于具有良好的学科基础、优质的创新资源且产出的科研成果服务能力强、影响力广泛。不足则在于其难以直接与产业实现高效对接，虽然学术研究活动需要为应用服务，但其仍然要兼顾其他价值与使命，这就使此类创新链与产业链之间存在价值目标方面的分歧。另外，两者在驱动机制方面也有所不同，因此在双链融合的过程中要充分重视这些问题，并有针对性地进行解决。

（2）科技领先企业主导型创新链

相较于政府及科研机构主导型创新链，科技领先企业主导型创新链的结构更简单。企业是创新链的主导者，因此其科研工作往往聚焦于该企业的研发与生产工作，与产业链具有天然的紧密结合关系，技术创新与企业发展需求的匹配度高，科技成果转化周期短、转化率高，对产业链的赋能作用显著。缺点是发展后劲不足、成果服务范围有限、推广成本较高。

此类创新链最主要的特征是具有较强的针对性，可直接服务于企业研发与生产活动，属于实用导向型创新链，能够与政府及科研机构主导型创新链形成互补。一般此类创新链的主导者多为科技头部企业，可通过科技创新活动实现与产业链上各环节和各主体的串联，解决制约企业进一步发展的技术性难题，实现产业链的内部革新与动态升级；或按照企业发展规划提前进行技术布局，当企业有需求时，也会相应的进行生产组织与经营管理方面的创新。

科技领先企业主导型创新链的资金来源较为多样化，融资渠道较多，其创新活动也并非仅集中于产品或科技创新本身，而是在对已有产品进行完善升级的基础上向上游延伸，辐射产品的开发、设计、营销等环节，最终打造出与市场需求相契合、顺应企业战略发展趋势的创新产品，并实现研发、生产、销售等各环节的闭环，逐渐完善产品链。

（3）其他主体主导型创新链

相较于前两种创新链，该类创新链的主导者具有较大的偶然性与模糊性。该类创新链更倾向于创新活动引领而非创新主体引领，该类创新链的长短及其对产业链的渗透程度往往取决于两个方面，一是创新主体在创新活动中的地位，二是创新产品本身能够辐射的生产环节。其实，创新发明的实现路径并非仅有专项研究这一条，相关主体在产业发展、科学研究中的某个环节偶然闪现的星星灵感之火，也有可能呈现出燎原之势，迅速带动一系列相关技术乃至整个产业内部的嬗变。

以下3个方面的因素对于其他主体主导的创新链影响最为显著。

- 一是人才、资金、技术、数据、产业等创新要素的时空配置情况，以及区域创新环境、创新生态等环境条件。

- 二是创新链上各主体之间的关系协同与互相影响。

- 三是直接被创新成果辐射的产业链上各企业主体之间，以及企业内各部门人员之间的竞争态势与战略协同机制。

该类创新链在我国整体创新格局中相对来说占比较小，但随着创新要素流动壁垒不断被破除，创新主体多元化正成为一种趋势，未来将会有越来越多对技术和行业发展起到重要助推作用的创新成果涌现。

对上述3类创新链进行对比分析，总结其在结构方面的相似性，可以将创新链概括为要素整合、研发创造、成果应用和价值实现4个主要环节，如图11-2所示。

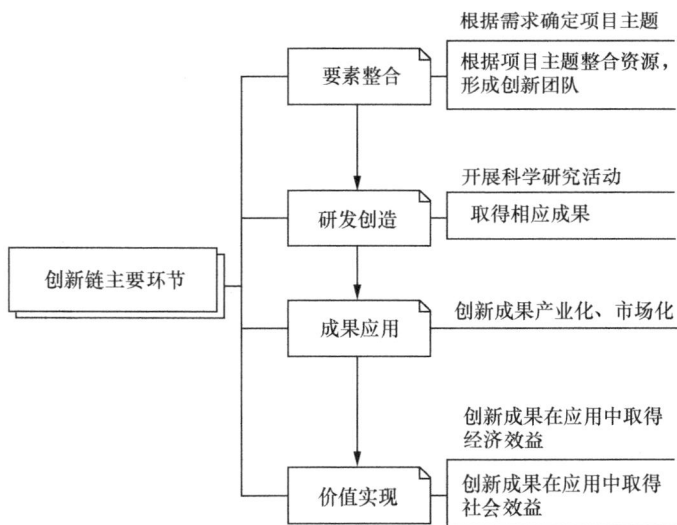

图 11-2 创新链主要环节

① 要素整合

要素整合环节主要包含两方面内容：一是进行需求整合确定项目主题，该过程依据项目性质的不同可分为以市场及产业需求为导向、以政府需求为导向和以科研主体研究兴趣与价值取向为导向这3种情况，不同情况下的项目立项与所确定的创新主题也有所不同；二是进行资源整合形成创新团队。根据项目主题，汇集人才、场地、数据等创新要素并进行内部的合理配置，组建科研团队或形成相应的创新体系，同时做好与外部企业、政府相关部门的协调工作，为创新提供良好的条件。

② 研发创造

研发创造环节是指科研团队根据项目计划，在科学研究活动中，综合运用各类创新资源进行调研、文献查阅、实验探究等，在不断地假设与求证过程中发现新规律、形成新知识、创造新技术、收获新成果。

③ 成果应用

成果应用环节是指在已经实现科研成果产出的基础上，推动成果应用范围进一步扩大。以科研产品的类别进行划分，成果应用既包括对新技术、新专利、新的组织管理方法的应用，又包括新产品的产生与价值实现，还包括对落后产业链的升级改造与对新产业链的培育。

④ 价值实现

价值实现环节是指创新成果已经完成最初的产业化与市场化，逐渐扩散到经济社会的各个层面。实现经济层面的价值增长并发挥社会层面的效益，是创新链的终端。

03　产业链的概念与结构特征

（1）产业链的概念

产业链的概念基于产业集聚理论，即相同或相近的产业在特定地理区域内的高度集中、产业资本要素在特定空间范围内不断汇聚的过程中所形成的链条式产业集群，这种产业集群的形成往往建立在一定的技术经济基础上。

在产业链上，上游企业和中游企业是产品和服务的供应方，满足下游企业的需求，而下游企业则通过与市场的高效对接，收集反馈信息，更好地帮助上游企业和中游企业进行价值转化。上游企业、中游企业、下游企业通过人员、资金、技术等要素的流通构建起良好的协作关系，通过不同的环节分工共同支撑起行业的整体运作，围绕产品、供需、市场等形成复杂的价值交换网络。产业链的概念可从狭义维度和广义维度来理解。

● 狭义的产业链专指具体的生产制造环节，即从原材料供应到产品设计、原材料加工、终端产品制造的全过程，涉及的主体是产品制造链上的各个生产部门。

● 广义的产业链除了生产制造环节本身，还包括上游企业的技术研发环节和相关基础产业，以及下游企业的市场开拓、客户对接、产品营销等环节。

产业链形成的根本原因在于资源和要素的重组所实现的价值创造、价值交换与价值实现，同时产业链也清晰地展现出链条上各企业主体之间的资源分割与利益分配。不同的产业可以催生出不同的产业链，而不同的产业链又会因为生产过程中的交叉，以及产品之间的竞争与配套关系等在彼此间不断形成新的联系，交织渗透构成产业网。

不同的产业链涉及的产品和服务性质不同、链条上的企业不同，因此其结构也有所差异。但整体来看，一条完整的产业链一般都由负责原材料供应的上游企业、负责产品研发、生产和制造的中游企业（关键主体企业）和负责提供服务的下游企业构成。产业链主要环节如图11-3所示。

上游企业		中游企业		下游企业
·供应各种原材料	→	·关键主体企业	→	·提供销售应用等服务

图 11-3　产业链基本环节

（2）产业链的结构特征

产业链的结构特征如图11-4所示。

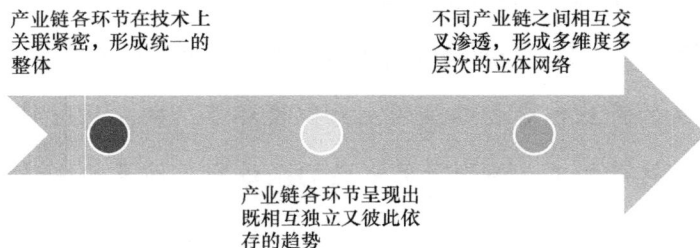

产业链各环节在技术上关联紧密，形成统一的整体

不同产业链之间相互交叉渗透，形成多维度多层次的立体网络

产业链各环节呈现出既相互独立又彼此依存的趋势

图 11-4　产业链的结构特征

① 产业链各环节在技术上关联紧密，形成统一的整体

产业链上的上游企业与下游企业之间存在生产技术关联，下游企业在面向市场开展营销时，往往涉及产品使用的原材料、产品研发理念、产品制造过程中所应用的技术的介绍，以实现客户对产品的深层理解；而上游企业在进行原材料选择及产品的设计与生产时，也要充分考虑产业链下游所提供的市场需求信息，以及后期配套服务的可行性与便利性。

② 产业链各环节呈现出既相互独立又彼此依存的趋势

产业链的不同环节在技术级别、产品技术附加值及价值分割方式等方面都有所不同。一般情况下，产业链上的中游企业承担着主要产品的研发与制造，上游企业和下游企业的价值交换活动都围绕其产品研发制造活动展开。出于产业本身自动化生产与高效化生产的需要，产业的精细化管理成为现代产业发展的新要求，因此产业各环节之间呈现出解耦趋势，朝着独立的方向发展；但又因为协作化生产是当前社会生产的主要模式，在产业间的协作网络中能够实现各种生产要素的高效流通，推动资源的合理再分配，帮助企业节省生产成本，增强企业价值链与供应链韧性，因此一些大企业倾向于自己建立分厂和销售部门，或推动形成产业集群来保证各生产环节的顺畅运行，因而产业链各环节又呈现出一定的集聚趋势。

③ 不同产业链之间互相交叉渗透，形成多维度多层次的立体网络

产业链上的上游企业除了为中游企业的关键核心产业提供原材料，还要为配套产业提供原材料，一条产业链的终端可能是另一条产业链的起始端，不同产业链的相同环节可能需要共同利用相同的资源与基础设施等，因此产业链之间处于不断的相互作用之中，同时外部环境也会对产业链和产业体系产生制约与影响。

04　创新链与产业链的逻辑关系

建立新质生产力的要素支撑，关键在于"四链"的高效协同。"四链"融合的基本逻辑如图11-5所示。其中，创新链与产业链的融合是一种深度的双向互动，既要考虑创新链向产业链各环节的渗透与

扩散，又要考虑产业链各环节对创新链各环节的吸纳和融合。

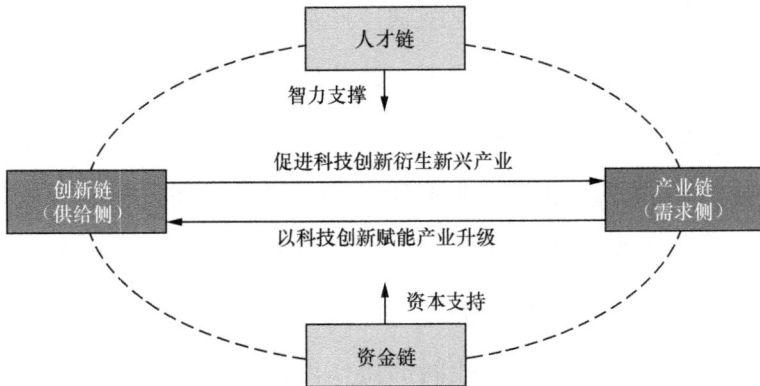

图 11-5 "四链"融合的基本逻辑

创新链并非独立于社会生产各环节而发展，而是以各行各业的生产技术需求为导向缠绕于不同的产业发展枝干上，其价值以各产业上游企业、中游企业、下游企业不同环节中的技术和产品附加值的形式进行呈现。

产业链实现了对社会生产不同领域的细化，例如机床制造产业链、光伏产业链等，同时产业链涉及生产活动中的主体（企业），并通过对原材料供应、产品研发、产品销售与服务等环节的描述实现了对企业间协作与价值关系的呈现。产业链对社会生产活动的呈现是立体复杂的，既涵盖时间维度上社会生产的不同阶段和各个环节，以及主体企业之间的联系，同时也包括空间维度上不同区域之间、不同产业之间的联系；既涉及纵向层面上生产要素聚集、产业生产、产品销售、产品消费的各个环节，又涉及横向层面上的两大部类与三个产业。

随着多轮科技革命的更替，科技对社会生产力的驱动作用与对经济社会发展的变革作用越来越显著，这也使创新链与产业链两者的相互渗透不断加深，逐渐统一于现代经济社会发展这一整体，形成一体两面的关系，即作为动力源头与发展主体，在彼此的相互作用中共同向前演进。

一方面，创新链提供了现代经济发展的动力源头，推动产业链向前发展，其自身价值也通过这一过程得以实现。创新链带来的新力量、新方向对产业链的长期发展起到了引领作用，实现了产业链上各环节生产效率和资源配置效率的提升，推动了产业结构的优化升级和经济增长方式的转变。而在这个过程中，无论是基础理论创新、具体技术创新，还是产品创新、组织管理制度创新，都需要通过产业链最终作用到社会与经济发展方面，实现对经济的推动、对社会生活的革新。

另一方面，产业链提供了现代经济发展的主体，同时也为创新链提供了及时的创新成果反馈与创新需求输送，在这个过程中，产业链上各个主体、各个环节也实现了不断进步。无论经济发展到哪个阶段，对各种要素进行高效配置，借助生产过程实现价值创造始终是经济发展的核心逻辑，而这一过程必须依赖产业链才能实现。作为社会经济与科技创新之间的重要桥梁，市场主导下的产业链能够直接触达社会与经济发展层面最根本的需求、对已有科技成果的真实反馈，并将这些信息输送至创新链，实现创新工作与经济社会发展的对接，推动其不断完善。而在这个过程中，创新链提供的新管理方法、新工艺技术又能够帮助企业自身提升全要素生产率，更好地促进市场的繁荣发展。

随着经济社会的发展，创新链与产业链彼此间的依存程度不断加深，创新链提供的理论、技术、产品等方面的支撑使产业链能够实现螺旋式上升的良性发展，而一旦创新链出现问题，产业链也将失去向上发展的托举力，出现"断链风险"，如果长期得不到解决甚至会造成产业体系畸形；而创新链上所产出的成果则通过产业链实现了价值落地，触达经济发展与社会生活的各个层面，接受实践的检验，而创新链本身也需要被产业链上不断形成的需求推动，持续走向深化。

同时，创新链与产业链之间也形成了双向的渗透关系，两者在延展融合过程中互为起始。在以创新链为起点、以产业链为终点的融合中，创新链在前端项目立项、项目选题等方面需要结合产业发展的实际需求开展。同时，产业链所输送的市场反馈信息成为创新链进行产品完善的重要参考，能够更好地帮助产业顺应市场需求，实现价值创新，其本质是通过创新活动及其所产出的成果实现创新链对产业链各环节的渗透、对产业链上各主体的影响。在以产业链为起点、以创新链为终点的融合中，产业链对经济社会发展过程中产生的需求和对科技成果的反馈进行输送，指导创新链按照经济社会发展趋势进行相应的科学研究，同时，在市场竞争驱动下，产业链通过对人才、资金、技术等创新要素进行全面整合及配置优化，实现对创新链上各环节的干预和对创新链条上各主体的指导，推进创新活动与社会、市场和产业需求的对接，最终实现高质量的双链融合。

第 12 章

机制建设：
创新链产业链的双向融合

实践表明，除了提供新理论、新技术、新产品直接实现生产力的提升，双链融合对经济社会的推动作用还表现为通过组织管理创新，间接地实现资源的优化配置，从而大幅提升全要素生产率。

01　双链融合的影响因素

创新链与产业链的融合模式主要包括自动融合与主动融合，前者自发地产生于科技与产业的发展过程中，而后者则主要在政府的主导下实现。

自动融合模式是创新链与产业链在经济社会发展的自然规律下产生的，科技发展带来的新技术、新工具和新产品实现了产业链的升级，带来了新的投资热点；而产业链带来的市场需求信息与各种应用场景则更好地为创新链提供了价值实现空间。以第一次和第二次科技革命为例，其在发展中促进了产业领域内的经济结构调整与发展方式变革，提供了创新链与产业链自动融合的范本。

科技进步对经济社会的巨大推动作用引起了各国政府的重视，为了抢占新一轮国际竞争的制高点，各国政府纷纷介入，主导科技创新，推动创新链与产业链互相渗透，提升创新链与产业链之间的价值转化效率，以政府为主导的主动融合模式成为双链融合的主旋律。20世纪50年代后期，在政府的主导下，各国科技成果大量涌现，创新链与产业链进入高速融合期，创新链提供的技术、产品、组织管理方式创新地实现了对产业链的重塑，推动了产业结构的优化升级。同时，创新链也借助产业链深入经济社会生产的各个方面，更好地发挥对经济社会发展的引领作用。

综合全球政治与经济格局来看，政府对科技创新领域的关注、介入，以及创新链与产业链的深度融合是由世界格局的变化趋势决定的。随着科技能力代替地理区位成为国家影响力的主要因素，科技创新能力梯度排名将重塑世界格局，国际供应链与产业链也将依据科技创新能力的"高低差"进行重组。因此，充分发挥市场的作用，实现对要素与资源的高效整合与配置、加快创新链与产业链的互相渗透与双向拉动，对构建国内现代科技体系、实现国内产业高端化转型、提升国家综合实力来说意义重大。此外，应加强政府、企业、高校和科研机构各主体之间的互动与配合，充分发挥各主体协同的组合效应，通过不同主体对双链融合的影响，多层面、多维度地推动创新链与产业链深度融合。

创新活动各主体划分如图12-1所示。

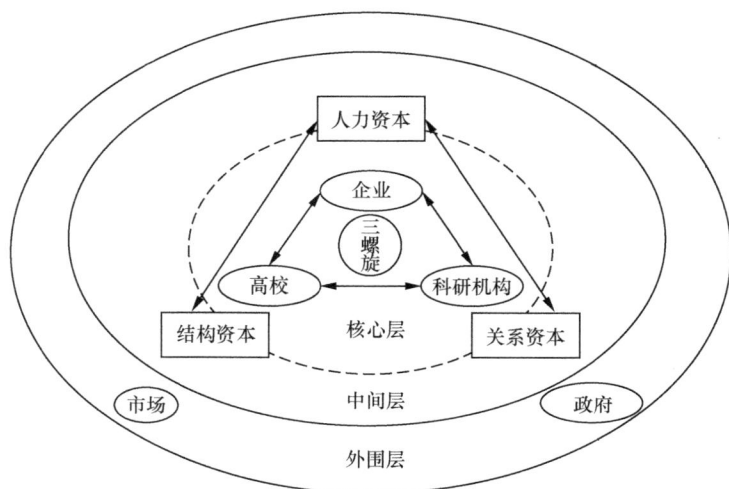

图 12-1　创新活动各主体划分

企业、高校和科研机构作为产业和创新活动的主体，直接参与创新链与产业链的各环节，因此可以将其划归为双链融合中的内因要素；而政府作为产业链与创新链外围的资源提供与调控者，可归类于外因要素。此外，在经济社会发展过程中，市场同样在外围影响着双链融合的走向，因此也属于外因要素。

（1）内因要素

企业是国家科技创新体系的重要主体之一。一方面，企业的作用体现在承接高校和科研机构的科技创新成果，在创新链中下游环节进行新产品或新技术的研发，并为产业链提供源源不断的动力；另一方面，企业直接负责与市场进行对接，向创新链上游传递市场需求等信息，并对分布在产业链上的各个环节进行科技创新成果的推广，从而实现科技创新成果的产业化。

高校或科研机构主要聚集于创新链的源头端，在创新链上承担创新项目组织和创新活动开展等工作，对创新环节的上游与中游产生影响。经济发展与社会生活中的各种需求以市场需求的形式呈现，通过产业链、企业、创新链传递至高校或科研机构，与生产过程中产生的技术和管理需求共同构成推动科技创新主体进行创新活动的内在动力。

高校和科研机构各自具有其独特的科技创新优势：高校作为集教育与科研活动于一体的综合性机构，在人才队伍、科研活力、学科交叉研究、基础研究等方面具有得天独厚的优势；而科研机构则在科研队伍、科创体系、研发活动频次、与外部资源的对接等方面具有较大的优势，两者共同为经济社会发展提供持续、稳定的科技供应。

企业、高校与科研机构之间相互协作，形成良好的协同效应，共同作为内因要素不断推动创新链与产业链深度融合。同时，由于驱动力源头存在差异，两类主体在价值取向与利益立场方面存在一定分歧，这也导致出现一些阻碍创新链与产业链进一步深入融合的内部壁垒。一般来说，企业由政策和市场进行驱动，其对创新成果的关注更多地集中在成果带来的经济效益与社会效益上；而高校与科研机构则由政策和学术进行驱动，除了关注实际的经济效益和社会效益，还要考虑研究成果在学术层面的意义体现，以及其应用在学术界的反响。

（2）外因要素

政府处于创新与产业活动的外围，通过整体布局、政策驱动、要素调配、制度配套等实现对产学研结合的宏观引导。政府主要对创新链与产业链的发展方向进行把握，通过外部环境创设加强两者之间的牵引，并在基础设施等方面为两者的融合提供便利。而同样作为外因要素的市场则依据价值规律，通过价格机制、供求机制、风险机制和竞争机制影响着创新链与产业链的融合。

政府和市场主要是通过对创新要素和生产要素的整合与再分配来发挥作用的，通过对资金、信息、人才等要素进行把握，间接影响创新链与产业链发展的方向、科技成果转化的效率等，从而实现对整个双链融合进程的调控。

02　双链融合的基础机制

创新链与产业链融合的基础机制包括战略、结构和演化发展3个层面。

（1）战略层面的融合机制

战略层面的融合是指国家着眼于经济的高质量发展，从宏观战略布局层面看待创新链与产业链的双向融合机制。立足全局部署，通过科技与产业方面的顶层架构设计实现创新链与产业链在整体布局上的环绕和交织，通过创新链与产业链两端发力，推动双链融合不断深化，更好地推动经济社会实现整体升级，向着高端化、绿色化、智能化发展。

① 推动创新链向产业链方向靠拢

围绕产业链部署创新链，推动创新链向产业链方向靠拢，聚焦产业发展需求，突出创新链对产业链发展的科技供给与科研服务功能。具体而言，应结合不同区域的产业定位与产业发展特色，融合产业发展需求、产业链各环节的技术需求，以及产业链高端化转型需求，调配相应的创新要素与创新资源，部署相应的创新任务。

当前，全球产业链、供应链与价值链迎来重组，实现科技创新对产业的高效赋能将成为在新的世界经济格局下取得优势的重要手段。通过推动创新链向产业链方向主动靠拢，能够根据国家产业发展的优先级对科技创新资源进行灵活配置，提升科技创新成果的价值转化率，快速形成科技赋能产业、两者同向发力的局面，这对打赢关键核心技术攻坚战、实现高水平科技自立自强来说意义重大。

同时，以产业链需求持续牵引科技创新走向深化，不断产出更多的优质科研成果，实现知识增量、技术增量与价值增量，推动产业链升级，形成创新链与产业链两者之间的良性互动、高效循环，推动双链融合纵深发展。

② 推动产业链向创新链方向延伸

围绕创新链布局产业链，是推动产业链向创新链方向延伸，实现两者高效融合的重要途径，聚焦的是科技创新成果的价值转化，突出的是产业链在科技成果应用落地过程中起到的载体与媒介作用。根据科技创新的整体趋势和发展方向布局相应企业，充分发挥科技成果的引领作用，使产业发展始终处于前沿技术的辐射范围。通过产业链，能够实现科技创新成果对经济社会各个领域的高效触达，推动科技成果的多元价值转化，持续发挥其作为第一生产力的积极作用。

充分利用产业链这一载体，以创新链带动产业链发展，即通过科技创新带来新技术、新产品、新工艺、新制度，从而推动产业链上各环节的生产力提升，资源配置效率优化，最终实现整个产业链的级别跃升及整个产业体系的迭代升级，实现科技成果与社会生活、经济生产活动的接轨，真正让科技成果更快更好地惠及全体人民。通过创新链的高质量科技供给可有效赋能产业链，从而进一步推进双链融合。

（2）结构层面的融合机制

结合创新链与产业链的结构特点来看，创新链与产业链的双向融合机制，一方面以创新链为起始端，从要素整合、成果应用和价值实现环节与产业链进行交互，推进产业链迭代发展，重塑产业体系。另一方面将产业链作为起始端，产业链上各环节、各主体在与市场对接的过程中以及在自身的发展过程中整合各种创新需求，并将需求反馈至创新链的各个主体，为科技创新活动提供引导。同时，在市场竞争的驱动下，产业链上各个主体通过提供各种要素与资源、与创新主体开展合作等方式参与创新活动。

在当前的经济发展情况下，政府往往作为主导者推动创新链与产业链的融合不断走向深化，通过政策手段、要素与资源调配、基础设施建设等方式影响创新链与产业链上的各个环节与各个主体，因此在对创新链与产业链的双向融合机制进行分析时，应将政府因素作为一项重要条件纳入考虑范围。若将创新链、产业链和政府作为考虑对象，对三者之间的联系进行分析，则可以得出如图12-2所示的创新链与产业链双向融合机制。

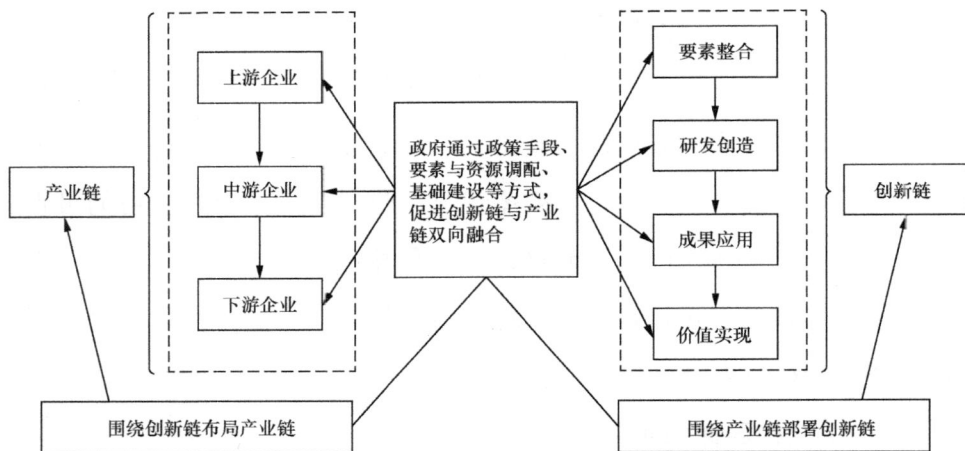

图12-2　创新链与产业链双向融合机制示意

创新链可分为政府及科研机构主导型、科技领先企业主导型，以及其他主体主导型，这些创新链在链条结构方面存在较大差异，因此在与产业链的具体融合方面也有所不同。

● 政府及科研机构主导型创新链与产业链的融合情况受创新项目性质、政策等因素的影响较大。

● 在科技领先企业主导型创新链中，由于企业具有创新活动主导者和产业链主体的双重身份，因此能够更高效地通过企业内部的既有布局和配套设施实现创新链与产业链的高效贯通，而这种模式下的双链融合深度主要取决于企业内部的活动成本投入和研发部门与企业内部其他部门的协作情况。

● 其他主体主导型创新链与产业链的融合情况主要由创新成果所辐射的产业环节、创新链主导者在创新链上所处的环节决定。

根据经验，由于基础科学方面的理论与制度创新具有原创性、革命性和颠覆性，因此其在创新链上的产出速度，以及与产业链的融合速度都相对较慢，但其具有较强的辐射能力，一旦融合成功，将惠及多个产业领域，对全产业领域乃至整个产业体系产生巨大的托举作用，甚至能够重塑整个产业链，实现整体产业布局的优化及产业结构的变革；而由于应用性工程技术、生产技术和工艺创新的研究范围聚焦于特定的领域，且往往是在一定的研究基础上进行的，因此在创新链上的成果产出效率更高，能够在短时间内迅速作用于产业链的各个环节，实现特定产业领域内的技术革新，并拉动新需求的产生，形成科技创新与产业发展之间的良性互动。

（3）演化发展的融合机制

创新链与产业链的双向融合是一个在动态演化中不断推进的过程，且双链之间的相互作用形成一种相对平稳的动态长效机制。政府的战略布局、宏观调控过程中所产生的需求，以及市场在价值规律下运作所形成的竞争机制、价格机制、供求机制、风险机制等，驱动着双链融合不断向前发展，推动资金、人才、信息等各种要素的高效流动与合理配置，不断为双链融合注入新动力。

而创新链与产业链的各个环节与各个主体在融合过程中不断交

互，形成政策、信息、资金、人才等方面的要素链条，链条之间彼此相互作用、交织碰撞，形成创新链与产业链深度融合的内在驱动力，同时也提升了创新链与产业链的抗风险能力。

人才是科技发展与经济发展的第一资源，技术是实现生产力跃迁、产业变革的重要工具，是创新链与产业链融合的主体要素。人才与技术需要在政策与资金的支撑作用下开展相应活动，实现价值创造，而资金的流动则与创新成果的产业化、市场化情况密切相关。因此，在双链融合过程中，各种要素通过彼此之间的互动形成动态闭环。

在社会生产中，不同环节、不同部分的产业链彼此作用，在要素与资源配置、价值分割等方面构建新的联系，形成交错纵横的科技网络与产业网络，这些网络的动态发展将构成宏观层面的创新生态，成为双链融合的外在环境因素，对双链融合具有反作用力。

第 13 章

实践路径：
双链融合的创新发展策略

01 充分发挥政府主导作用

随着时间的推移，国际分工越来越精细。最初的国际分工表现为农业国与工业国等不同性质国家的分工，而后表现为劳动密集型产业、技术密集型产业与知识密集型产业等不同类型产业的分工，再后来表现为同一产业的不同环节，乃至一件产品的不同部件的分工。国际分工的细化意味着世界范围内创新链与产业链的形成，体现了创新能力和资源整合能力的提升。

如今的国际分工呈现出金字塔结构。位于金字塔顶部的是科技与金融，创新驱动型的发达国家处于这一层级；位于金字塔中部的是制造与服务，效率驱动型的新型国家处于这一层级；位于金字塔底部的是资源和劳动力，在这一层级聚集着要素驱动型的发展中国家。

根据经验，国际分工价值链的各个层级是相对固定的，只有少数的发展中国家突破了其所处的层级。我国拥有齐全的产业门类，工业体系完整，基础设施完善，国内市场庞大，研发投入高，积累了大量创新人才。凭借以上优势，我国在部分领域取得了较为突出的成就，能够与先进水平国家形成竞争。而如果想在现有基础上达到新高度，就需要采取创新发展策略，推进创新链与产业链的融合，有效提升创新水平。

在当今的科技创新活动中，政府的主导作用越来越突出，是推动创新链与产业链融合的重要力量。政府可以通过出台科技、产业、人才、财政、金融等方面的政策来推进双链融合，让科技创新成为经济社会发展的重要驱动力。具体而言，政府可从以下3个方面入手促进创新链与产业链的深度融合。

（1）发挥各类政策工具的作用

创新链由要素整合、研发创造、成果应用、价值实现4个环节组成。针对创新链的要素整合和研发创造环节，政府可给予科研更多的财政补贴，通过采购行为激励科技创新，前瞻性布局产业发展，引导高校、科研机构等创新主体布局科技创新活动，推动创新链朝着产业链的方向延伸。

针对创新链的成果应用和价值实现环节，政府可以为企业发放创新补助。企业在应用创新成果、更迭创新技术时往往要花费较高的成本，创新补助可对此进行补贴，从而鼓励企业采用新技术，促进科技创新成果的产业转化和价值实现，推动产业链向创新链延伸。

（2）搭建产学研用合作平台

政府可搭建产学研用合作平台，让科技、金融等机构成为创新链与产业链融合的驱动力，借助信息链和资金链推动创新链与产业链实现更加高效地运转，促进两者深度融合。另外，政府可以创建技术交易所，将其打造成技术和信息资源的汇聚平台，从供给和需求两方面出发，为技术市场提供更好的服务，为创新成果应用和产业发展创造更加有利的条件。

（3）完善创新体系体制建设

政府应完善与科技创新相关的体制机制，健全相关法律法规，加大对科技创新领域的监管力度，对责任主体实施有效监督，确保程序合规，对违法行为予以严厉打击，尽可能杜绝科技创新领域的腐败、骗取补贴等不良现象。

在对科技创新领域实行严格监管的基础上，可汇聚各种创新要素和产业要素，同时集合和调动各类创新主体，构建起完备且高效的科技创新系统，涵盖研发、应用等环节。该系统是一个利益共同体，内部可实现资源和技术的共享，在科技创新和成果应用的过程中发挥着重要作用。

02 构建新兴产业分工体系

促进双链融合，需要大力推进高科技产业链的建设，掌握关键核心技术，在关键环节持续供应优质产能。

在产业链方面，应从科技创新入手，提升产业发展水平，提升产业核心竞争力，不断优化产业链，在产业链的关键环节打造突出优势，并发挥各产业链之间的协同作用，共同构建新兴产业分工体系，具体可采取以下两项措施。

（1）建立人才链

根据区域产业布局及产业发展方向有针对性地引进人才，可通过提供优惠政策、营造良好工作环境等措施吸引专业人才，扩充产业发展的人才储备。除了人才引进，还应重视人才梯队建设，面向产业实际需求制订教育计划，补齐人才结构上的短板，培育出一批能够担起产业发展重任的优秀技术人才，形成高水平人才梯队。

（2）完善资金链

面向创新链与产业链布局资金链，通过多种途径给予科技创新和产业发展资金支持，加大政府财政的投入力度，在推进双链融合的过程中充分利用社会资本，如风险投资、资本市场等。

一项产业的发展需要经历基础研究、中试及下游批量生产等不同阶段，而不同阶段主要依赖的资金链不同。基础研究阶段主要依靠政府提供的财政支持；中试阶段主要依靠企业自身的投入及外部的风险投资；到了下游批量生产阶段，企业通常会申请银行信贷，或是到资本市场寻求融资，以此作为资金链。

03　促进产学研用协同创新

面向产业链部署创新链，推进双链深度融合，推动产学研用各个环节的协同创新，引导创新链延伸至产业链。

（1）建立完备的科技创新体系

从全局性和系统性层面出发，建立完备的科技创新体系，这一体系主要由科学研究和技术开发两部分组成。其中，科学研究又分为基础科学研究和应用科学研究，技术开发则分为工程技术开发和产业技术开发。科技创新体系的各环节之间协同配合，实现高效运转。

科技创新体系的不同环节发挥着不同的作用，基础科学研究构建起创新的根基，应用科学研究负责发掘创新的应用价值，工程技术开发将促进创新链向产业链延伸，产业技术开发致力于推动创新成果进入规模化生产阶段，将其转化为实际的经济效益和社会效益。

（2）加强各创新主体间的合作

创新链的部署应服务于产业链的实际发展需求，弥补产业链中的薄弱环节。例如，产业链可能在关键核心技术方面受到限制，无法实现进一步突破，针对这种情况应调动各方创新主体和创新要素开展关键核心技术攻关，集中力量在科技创新方面取得进展。此外，部分高校或科研机构可能在某一产业技术领域颇有建树，企业可与这些创新主体展开合作，在产业技术方面得到支持。

04 构建多链融合创新生态

科技创新和产业发展影响着创新链与产业链的融合，这是双链融合的内部影响，而外部影响则主要来源于社会创新生态环境及创新条件。因此，应建立健全创新体制机制，引导创新主体间的相互协作，集合多方创新要素，改进双链融合过程中的短板，为双链融合创造有利的外部环境。具体而言，可从以下4个方面入手。

（1）突出市场导向

市场是创新需求的主要来源，鼓励企业在市场需求的引导下开展创新活动，加强对新技术的研发，推出更具竞争力的新产品。

（2）健全和完善创新利益分配机制

在双链融合的过程中，企业和科研机构等不同的创新主体承担着不同的职责，其实际发挥的作用也存在差异，因此，要在不同创新主体间进行合理的创新利益分配，避免创新主体间因利益问题发生纠纷。

（3）高度重视人才

人才在创新链与产业链中发挥着关键作用，是创新和创造活动的主要执行者。因此，必须对人才给予高度重视，为人才创造良好的工作环境和科研氛围，为其科研创新活动提供便利。

（4）汇集资金要素

创新链与产业链需要一定的资金支持，通过打造健康的投资和融资环境，引导多方资本参与投资和融资，能够为创新链与产业链汇聚发展资金。

第五部分

两化融合篇

第 14 章

两化融合：
信息化与工业化的融合

01 两化融合的概念与意义

回顾人类社会发展的历史，可以发现，工业化和信息化对于人类文明有着极其重要的意义。在工业化发展的过程中，各类技术的应用革新了生产方式，实现了物质产品的大规模生产和消费；在信息化发展的过程中，各项数据和信息逐渐成为重要的生产和生活资源，促使知识实现了大规模生产和消费。

（1）两化融合的概念

两化融合就是将信息化和工业化相结合，并以信息化为支撑，打造可持续发展的新型工业化发展模式。在推进两化融合的过程中，信息化与工业化之间的联系十分密切，信息化能够推动工业化向更高层次发展，进而实现新型工业化；工业化能够为信息化发展提供物质基础，如图14-1所示。

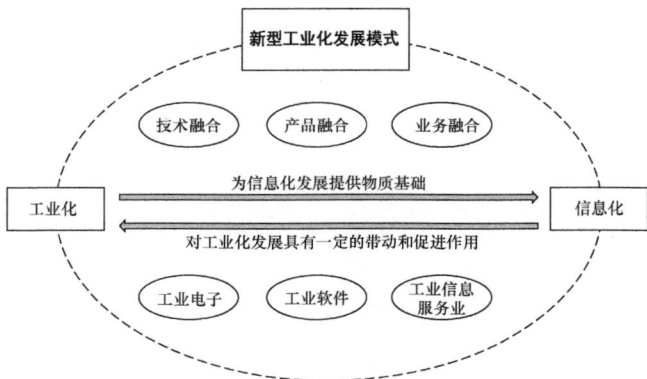

图 14-1 两化融合解析

两化融合是工业化和信息化发展过程中的必经之路，通常涉及技术融合、产品融合和业务融合等多个层面。在两化融合的情况下，信息化与工业化相互协同，彼此促进，并在此基础上形成各类新兴产业，如工业电子、工业软件、工业信息服务业等。与此同时，工业生产中的各个环节也可以充分利用信息技术来进行升级，实现高效率、高质量生产。

（2）两化融合的意义

两化融合能够促进现代制造业与现代服务业协同发展，并在此基础上为产业、经济和社会的发展提供动力。具体来说，其作用主要体现在以下3个方面。

① 推动产业升级

近年来，信息技术快速发展，并逐渐在各个领域中得到广泛应用，在提高各行各业的信息化程度的同时也对传统制造业的发展造成了影响。就目前来看，传统制造业已经难以满足不断变化的生产制造需求，也难以实现高效生产。

智能制造融合了互联网、大数据等技术，能够利用数字化生产等制造模式对生产过程进行智能化管控，优化各项生产资源的配置，提高产品的生产质量和生产效率，降低生产成本，强化产品的市场竞争力。对企业来说，各类先进的信息技术在工业生产中的应用能够提升自身的竞争力；对整个制造业来说，两化融合能够促进整个制造业实现经济结构升级。

② 提高经济效益

工业生产可以借助各类信息技术来提高生产效率和生产精度，减少在运营方面的成本支出，企业也可以在此基础上强化自身的盈利能力。

具体来说，从企业的角度看，两化融合有助于供应链各环节之间的信息共享，优化供应链流程，进而提升供应链各环节的响应速度和灵活性，为企业自身的供应链管理工作提供便利。不仅如此，两化融合还大幅提高了生产管理的数字化程度和生产控制的自动化程度，有助于企业对生产过程进行灵活高效的控制，进而实现高质量、高效率的工业生产。此外，两化融合还将互联网、人工智能等技术融入工业生产，企业可以借助这些技术手段来开拓市场，探索新的营销渠道，扩大产品知名度，提升产品销量，提高经济效益，实现可持续发展。

③ 促进社会进步

两化融合能够促进信息技术在工业生产中得到广泛应用，改变原本的工作方式、生活方式和社会组织形态，从而优化工作流程，为人们获取信息及交流提供便利。各项信息技术在工业生产中的应用，也可以促进智能家居和智慧城市等领域的发展，提高人们的生活质量，同时也为城市管理提供支持。由此可见，两化融合既能促进经济增长，也能在一定程度上提升社会发展水平。

02 两化融合的4个层面

两化融合可划分为4个层面，分别为要素层面、技术层面、管理层面和产业层面，见表14-1。具体来说，要素层面主要涉及数据要素和传统要素；技术层面主要涉及信息技术和工业技术；管理层面主要涉及信息时代管理和工业时代管理；产业层面主要涉及各个产业的融合发展。

我国产业发展具有差异化和多样化的特点，且存在科技创新和可持续发展的需求，而两化融合既符合我国产业发展的特点，也能够促进我国产业向智能化和绿色化的方向转型，充分满足产业发展需求。

表 14-1　两化融合的 4 个层面

层面	内容
要素层面	数据要素和传统要素
技术层面	信息技术和工业技术
管理层面	信息时代管理和工业时代管理
产业层面	各个产业的融合发展

从实际操作上来看，在推进两化融合的过程中，我国需要探索信息时代融合创新的基本规律，构建相应的引导架构，综合考虑创新引领和现实需求两项内容，找出具有基础好、条件好、能力强、见效快等特点的重点领域，并从这些重点领域入手，根据实际情况选择合适的产业升级转型道路，加快推进各个产业全面转型升级。

（1）要素层面

从要素层面来看，两化融合主要是指数据要素与各项传统要素的融合，如与劳动力、资本、技术和制度等融合。就目前来看，数据已经成为经济社会发展过程中不可或缺的资源，能够为产业发展提供动力，也能够催化各项传统要素向数据要素发展。

为了革新经济发展模式，我国需要融合数据要素和传统要素，并对要素投入结构进行优化调整，充分发挥数据的增长潜能，促进各项要素在技术、管理和产业等多个层面全方位融合发展，推动生产模式由物质生产向信息生产转变，推动服务模式由物质服务向信息服务转变。

（2）技术层面

从技术层面来看，信息技术与传统技术的融合能够扩大应用领域，提高服务内容的丰富性和服务响应的及时性，并增强技术的价值创造能力，为客户提供更加优质的服务。现阶段，为了促进产业向高端化的方向快速发展，我国仍需进一步提升各项技术的生态系统的稳定性，增强技术能力，强化技术优势。

就目前来看，信息技术和传统技术的生态系统都处于颠覆式变革阶段，在构建新的技术生态体系的过程中，我国需要建设信息网络，并在此基础上围绕客户进行技术融合，提高生态体系的开放性和协同性，同时也要充分把握信息技术发展带来的机遇，打破传统生态系统的限制，增强自身的技术实力。

（3）管理层面

从管理层面来看，在两化融合的情况下，工业管理需要以技术为基础进行分工协作，确立职能型的组织结构，并通过系统化的方式来规范管理活动和管理过程，以便快速实现管理目标，同时应在此基础上进一步明确并细化技术分工，以便实现更加高效的工业生产。

在信息时代，为了提高管理的有效性，我国需要积极推进工业管理与信息技术相融合，探索以数据为基础的分工协作新模式，推动权、责、利向线上转移，提高三者的网络化和协同化程度，并在此基础上进一步打破职能型组织壁垒，助力组织向动态化的方向快速转型，同时围绕客户构建新的价值网络，确保组织功能单元呈现出虚拟化的特点，提高组织要素的分散化程度和组织形式的弹性，以便充分满足客户需求，提升市场响应速度。

随着社会信息化进程的逐步推进，我国从工业社会向信息社会转型的速度逐渐提升。近年来，随着两化融合日渐深入，需要明确信息时代的各项新要求和发展趋势，如客户参与、生产分散化、服务个性化等，并以此为中心进一步优化工业社会管理，在两化融合的基础上对管理进行创新，推动管理向制度化、流程化、信息化、柔性化、网络化和分权化的方向快速发展，加快组织转型速度，建立价值网络型的多中心决策组织，以便加强组织各方及客户之间的资源整合和动态协同，实现可持续发展。

（4）产业层面

从产业层面来看，两化融合促进了高新技术产业的快速发展和传统产业的创新发展，同时也催生出许多新兴产业，并为这些新兴产业的发展提供技术支持。一般来说，丰富的产业知识和经验体系是产业创新的基础，为了推动各产业创新发展，我国需要从当前已有的产业出发，通过各项知识、经验和技能的积累和灵活运用，打破产业发展的壁垒。

高新技术产业与传统产业之间相互协同、相互支持，二者的融合发展有助于促进产业实现全方位转型升级。随着信息技术的广泛应用，传统产业的边界越来越模糊，分工方式逐渐发展为以数据为基础，各个产业以客户体验、个性化服务及价值创造为中心快速发展。

03　两化融合的管理体系

从企业的角度来看，为了快速适应动态变化的环境，并通过提高转型速度的方式来抢占发展先机，企业应深入理解两化融合的发展理念，明确两化融合的战略目标和重点任务，探索行之有效的推进方法，并确立相应的工作机制。

两化融合管理体系在推动企业数字化转型的过程中发挥着十分重要的指引作用，能够帮助企业提升两化融合进程的系统化和规范化水平，为企业提供一套清晰的框架，用以构建、执行、维护并持续改进两化融合的管理机制。

具体来说，企业可以借助两化融合管理体系来规范两化融合过程，进而提高两化融合的可控性，并充分发挥数据资源的作用，激发创新驱动潜能，促进数据、技术、业务流程和组织结构实现创新发展和持续优化，同时进一步提升资源配置的科学性、合理性，筑牢新型工业化基础，以便充分把握信息时代的各项发展机遇，获取可持续的竞争优势，进而实现智能化和绿色化发展。

（1）基本框架

为了实现可持续发展，企业需要在两化融合管理体系的指引下，以战略循环为发展方向，以要素循环为融合路径，以管理循环为推进机制，促进工业化与信息化在组织结构、业务流程和技术等多个层面实现融合。两化融合管理体系的基本框架如图14-2所示。

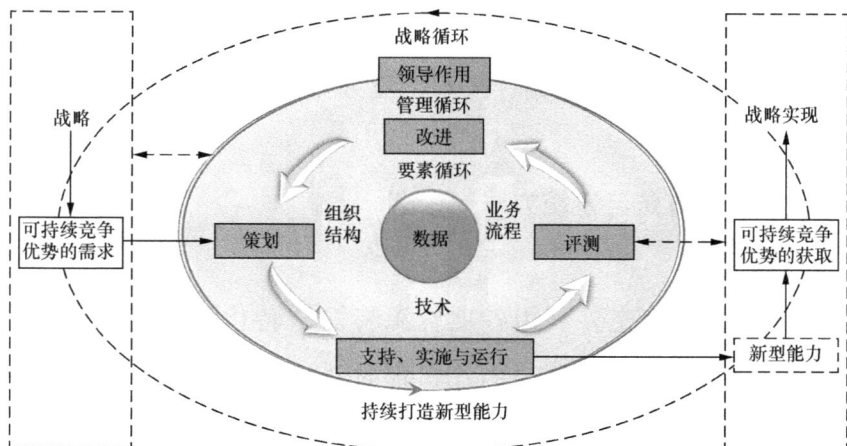

图 14-2 两化融合管理体系的基本框架

① 战略循环

企业应将两化融合的发展理念融入自身的发展战略中，充分把握内外部环境的变化情况，了解与自身发展战略相对应的可持续竞争优势需求，并获取信息时代的新型能力，切实落实发展战略中涉及的各项内容，同时也要跟踪、检测和评估战略循环过程，以便及时进行优化与调整，进一步增强企业自身的可持续竞争优势，获取更多新型能力。

② 管理循环

企业应以数据、技术、业务流程和组织结构为中心展开各项管理工作，打造集策划，支持、实施与运行，评测及改进于一体的管理机制，提高两化融合的规范性，持续强化新型能力，建立可持续竞争优势。

③ 要素循环

企业应充分发挥服务、能源、管理、信息通信等各类技术的作用，以自身的发展目标和所需的新型能力为中心，优化业务流程和组织结构，提高二者的规范性，同时也要借助各类技术来深入挖掘数据的创新驱动潜能，助力数据、技术、业务流程和组织结构实现创新发展和持续优化。

（2）过程方法与系统方法

① 过程方法

过程方法通过充分利用各项资源将输入转化为输出。从本质上看，一个过程的输入大多为上一个过程的输出，为了确保自身的有序运行，企业需要以系统化的方法来对自身应用的各项过程进行识别和管理。这些过程之间通常存在一定的联系，并且能够相互作用。

在两化融合管理体系中，企业应先明确过程的输入和输出、职责和权限、支持条件和资源，并充分把握过程之间的关系，再使用过程方法来进行管理，持续监测分析和优化调整过程，以达到预期目标。

② 系统方法

系统方法可以促进信息化和工业化的交互作用，将某一特定功能中存在关联的一组活动作为一个系统，并通过二者协同的方式来完成这一组活动。从本质上看，系统方法以整个系统为切入点，从整体上考虑分解与综合、分工与协作之间的关系，同时综合运用定性分析和定量分析两种方式，以科学的方式处理局部与总体之间的关系，并在此基础上实现对全局的优化升级，从而帮助企业达到预期目标。

在两化融合管理体系中，企业应明确局部与总体之间的分解关系，实行相应的分工协作机制，探索、掌握并应用各类全新的技术、方法和理念，再充分发挥系统方法的作用，全方位提高整个管理体系的有效性，实现全局优化。

04　两化融合的发展方向

在推进两化融合的过程中，我国应明确着力点和支撑点，并在此基础上充分发挥各个重点领域和关键环节的带动作用，将信息化全方位融入国民经济和社会发展的方方面面。两化融合的发展方向如图14-3所示。

图 14-3　两化融合的发展方向

（1）信息技术与设计、制造技术的融合

将信息技术广泛应用于工业领域中，与工业领域的各项设计技术和制造技术相融合，重塑设计和生产流程，提高工业生产的信息化程度和敏捷性，推动工业生产向智能化、数字化、网络化、虚拟化方向快速发展。

在两化融合的背景下，工业生产所应用的技术主要涉及融合了多种信息技术的先进设计技术和先进加工控制技术，具体来说，先进设计技术主要包括计算机辅助设计（CAD）、计算机辅助制造（CAM）、计算机辅助工程（CAE）和计算机辅助工艺规划（CAPP）等，先进加工控制技术主要包括计算机数控（CNC）、可编程逻辑控制器（PLC）、分散控制系统（DCS）、现场总线控制系统（FCS）、先进过程控制（APC）、柔性制造单元（FMC）、柔性制造系统（FMS）等。

在推进两化融合的过程中，充分利用以上各项先进技术，进一步提高生产制造的精益化、敏捷化、虚拟化和网络化程度，实现精益生产、敏捷制造、虚拟制造和网络化制造；促进产品生产走向自动化和高效化，提高产品的产量和质量，降低生产能耗，并根据市场灵活调整产品生产的品种和批量，充分满足客户日渐个性化的需求；进一步增强成套设备集成能力，提升重大技术装备研制水平，通过数控机床、机器人、各项大型自动化成套设备，以及先进发电、输电和大型工程施工成套设备等多种技术装备来优化工业生产装备配置，充分满足工业生产在设备更新方面的需求。

（2）信息技术与传统工业的融合

信息技术在钢铁、汽车、化工、纺织等工业领域的应用能够有效提高工业生产的效率和附加值，促进产品升级，为工业生产管理、市场销售等工业流程中的各个环节提供技术层面的支持。例如，汽车的生产过程中通常会用到信息技术或信息技术相关产品；化工、生物医药、大型工程设计等多个领域已经开发出能够根据数据进行模拟实验的模型，相关工作人员只需将实验数据输入模型，就能够得出相应的实验结果。这不仅有助于企业缩短生产周期，降低在产品研发环节的成本，还能够帮助企业及时适应市场需求变化。

（3）信息技术与服务业的融合

信息技术在服务业中的应用能够显著提升服务水平，并催生出许多与之相关的新行业。

信息技术具有十分强大的数据处理能力，能够快速处理各类数据，在金融保险、现代物流、管理咨询等行业中发挥作用，大幅提升了这些行业的工作效率，促进现代服务业快速发展；还能够在信息通信服务、信息技术服务、信息内容服务等行业中发挥作用，促进信息服务业快速发展。

在电子商务领域，信息技术能够为建设和发展第三方电子商务平台、管理平台和信用自律体系提供技术方面的支持，促进电子商务模式和服务内容的创新发展，进而推动经济发展模式创新，同时也有助于加强对支付、物流、交易、供应链和电子商务信息的管理，为各个电子商务应用主体提供便利。

信息技术的应用有助于我国进一步发展面向中小企业的第三方公共服务平台，促进各项信息化应用落地，为商贸、旅游、餐饮、社区服务等传统服务业提供新的发展动力并构建新的发展模式，同时也为社会提供更多就业岗位。

（4）信息化与企业生产、经营、管理的融合

企业可以借助信息技术来提升自身在生产、经营和管理方面的水平。

从生产控制方面来看，企业可以充分发挥各类信息技术的作用，基于各项数控设备进行生产控制，同时不断提高生产制造过程中的各个关键环节（如开发设计、工艺管理、加工制造、过程协同、质量控制、物料配送、产品管理等）的信息化程度，从而提高整个生产制造过程的工作效率。

从资源配置方面来看，企业可以基于成本分析来优化资源配置，利用各类信息技术对各个关键环节（如外部协作、内部计划、及时响应等）进行信息化升级，提升各个环节的信息化程度，从而提高市场响应效率。

从管理决策方面来看，企业可以基于信息化管理来增强自身的管理决策能力，充分发挥各类信息技术的作用，如数据挖掘、商业智能、知识管理、供应链管理、业务流程重组、企业资源计划（ERP）、管理信息系统、决策支持系统、客户关系管理（CRM）等，以便提高产品市场与客户关系、人力资源与资本运作、发展战略与风险管理等关键环节的信息化程度，从而提高管理决策的科学性。

（5）信息化与资源、能源供给体系的融合

信息技术能够提高工业生产的先进性，其在钢铁、建材、煤炭、电力、石油、化工、建筑和有色金属等行业中的广泛应用有助于提高资源和能源的利用效率，降低工业生产的能耗和污染物排放量，提升环保综合效益，促进工业领域中的各个行业实现绿色发展。

第 15 章

工业互联网：
两化融合的关键路径

工业互联网既为工业数字化、网络化、智能化转型提供了基础支撑，也形成了互联网、大数据、人工智能与实体经济深度融合的应用范本。

01 工业互联网的概念与内涵

工业互联网这一概念的提出，初衷是为了通过一系列标准的制定，打破工业生产中的技术壁垒，从而推动数字技术赋能物理生产活动，实现各设备厂商之间的信息集成与共享。随着数字化转型进程的不断加快，以及5G、物联网、人工智能等新一代信息技术的不断发展，如今工业互联网被赋予了新的内涵。

具体来说，当前的工业互联网是指传统制造业通过与新一代信息技术深度融合，对生产活动中的基础设施、应用模式和工业生态进行创新与升级，通过数据串联起人、机、物、系统、组织，实现从原材料供应到产品制造、销售、服务、回收全生命周期、全产业链的革新与升级，赋能工业制造，有效地推动工业乃至产业的数字化、网络化、智能化发展。

工业互联网并不仅仅指互联网在工业中的应用，除了现实层面的技术应用，还体现在互联网与工业通过互相影响、互相渗透，实现更深层次的相互作用，因此具有更为丰富的内涵和外延。网络、平台、数据、安全是构成工业互联网的4个要素，如图15-1所示。

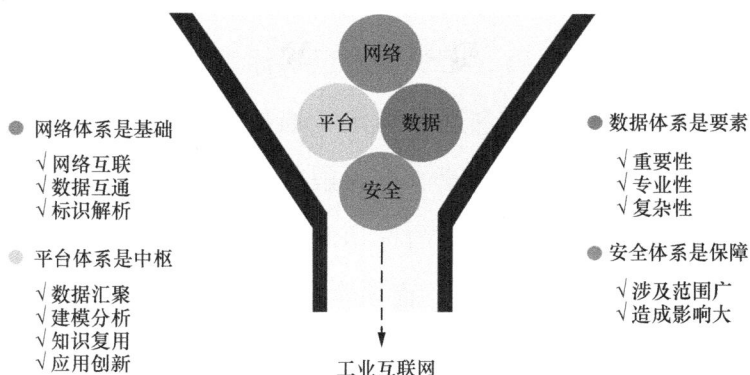

图 15-1　工业互联网的 4 个要素

（1）网络体系是基础

网络互联、数据互通和标识解析共同构成了工业互联网网络体系。

① 网络互联

网络互联的主要作用是实现人、机、物、系统、组织之间的要素传输。根据连接要素的不同，网络互联可以分为企业外网和企业内网。其中，企业外网主要用于企业与所属机构之间的跨地区互联、企业与上下游合作商之间的互联，以及企业与客户和产品之间的互联。企业内网则主要应用于企业内部，用于人员、机器、原材料、方法、环境之间的交互，以更好地进行生产过程中的资源调配，促进企业生产的协同。

② 数据互通

对数据进行规范化处理，避免各要素在信息传输过程中出现数据标准不统一而导致的理解受限的情况，提高各要素间信息传输的效率。主要方法是对数据进行标准化描述和统一建模。

③ 标识解析

通过条形码、二维码、无线射频识别标签等方式对要素进行标记，标记与要素的所有信息进行绑定，通过标记管理和定位要素，实现要素流动过程的全程监管。标识解析体系包括标识编码、标识解析系统和标识数据服务。我国标识解析体系包括面向国内工业互联网发展的五大国家顶级节点、面向全球范围不同国家和不同地区的国际根节点、面向行业的二级标识节点、面向特定工业企业的企业节点、面向有需求的客户及为其提供公共查询和访问入口的公共递归节点。

（2）平台体系是中枢

工业互联网平台体系共包括4个层级，分别是边缘层、基础设施即服务层、平台即服务层和软件即服务层，其功能概括来说是为工业互联网的海量数据处理提供支撑，并下达指令，实现相关的工业操作，主要有以下4个作用。

① 数据汇聚

边缘层通过与海量设备及网络连接，采集多元、异构数据，并对数据进行筛选、缓存等预处理，将其传输至工业互联网平台，为数据的深度分析和应用做好准备工作。

② 建模分析

通过算法模型及仿真工具，对数据进行统一建模，实现互联互通等互操作。结合数字孪生、人工智能等技术对数据进行深度挖掘与分析，以数据为驱动力，优化生产过程中的资源配置，实现科学决策与智能化生产。

③ 知识复用

通过分析数据，将不同行业、不同领域内的技术和经验沉淀为知识，并对其进行封装、固化，形成平台上的模型库、知识库，在开放的开发环境中以微服务的形式提供给客户，实现相关知识的高效复用。

④ 应用创新

针对企业的研发、生产、运营等流程中的不同场景，提供各种定制化工业应用，促进企业的高质量发展。

（3）数据体系是要素

数据是工业互联网中的关键要素，具有以下3个方面的特性。

① 重要性

数据是各类要素信息的载体，只有采集、传输、汇聚、处理、分析海量的工业数据，才能实现对资源的合理调配、对生产过程的把控，以及对工业经验与知识的积累。

② 专业性

工业生产是一项专业导向、技能导向的活动。工业互联网数据作为智能化生产的主要驱动力，通过对数据的分析和利用，能够挖掘出更多规律，而对数据的分析利用要建立在丰富的行业知识基础上。

③ 复杂性

工业互联网中的数据来源于企业生产的全链条、产品的全生命周期，不仅涉及企业内的不同生产线，还包括行业内的上下游企业，甚至跨行业、跨领域。除此之外，数据还需要承载人、机、物等各类要素和ERP、制造执行系统（MES）、PLC等系统的信息，涉及维度广、来源多，存在采集困难、格式不统一、分析过程烦琐等问题。

（4）安全体系是保障

工业生产中所有的数字化、智能化建设都必须以安全为前提。工业互联网安全体系涉及平台、设备等多个方面，因此，日常监控工业生产各环节和各要素、及时识别威胁并进行告警、评估系统的安全性能并测试其功能，是保障工业互联网安全的重要措施。相较于传统互联网安全，工业互联网安全的特点如下。

① 涉及范围广

工业互联网实现了工业生产中各环节、各链条、各要素的互联互通，涉及范围广；同时，由于工业互联网环境的开放性，攻击者能够轻易接入工业互联网并展开入侵活动。

当前，我国众多企业将工业互联网作为提升企业生产效率、扩大经济效益的方式，若忽视相关安全体系的建设则会波及整个生产环境。

② 造成影响大

工业互联网覆盖了制造业、能源产业等实体经济领域，同时与人工智能、生命技术、新材料等未来产业联系紧密，一旦出现安全事件，将可能对我国的经济、社会造成严重影响。

02 工业互联网的体系架构

工业互联网体系架构将实现企业内部的智能化生产、企业间的网络化协同、面向客户的个性化定制、聚焦产品的服务化延伸，实现各要素间的全面互联，依靠数字技术为传统制造业赋能。

为了在短时间内实现工业互联网的广泛覆盖，推动其在产业内的深度应用，我国的工业互联网产业联盟（AII）分别于2016年和2020年发布了工业互联网体系架构1.0和工业互联网体系架构2.0。

（1）工业互联网体系架构1.0

工业互联网体系架构1.0以网络、数据、安全为根本支撑，如图15-2所示。

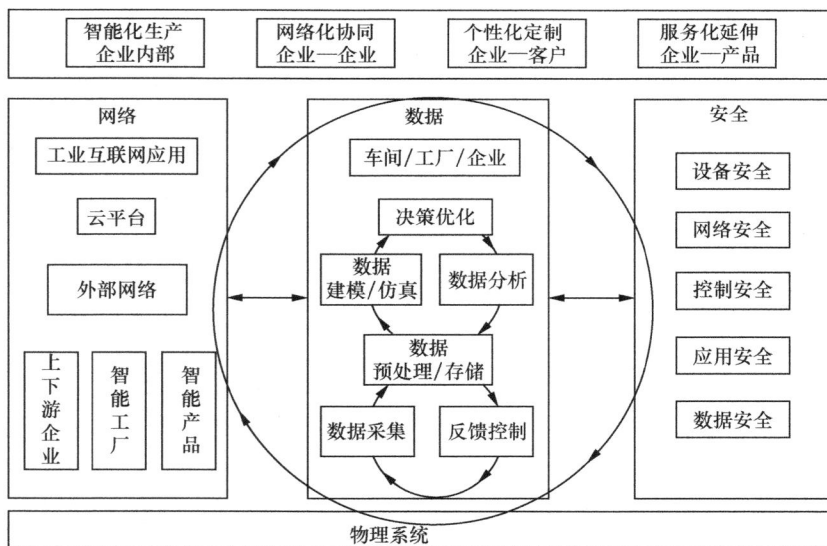

图 15-2　工业互联网体系架构 1.0

在数据层面，主要是收集生产数据和产品数据，实现对生产过程的全面把控及对产品的优化升级。在生产方面，通过物联网技术采集生产过程中各个环节中的数据，通过数据建模和数字孪生技术寻找当前生产中存在的问题并进行调整，使生产过程更高效、更环保；在产品方面，通过采集客户数据和市场销售数据获取市场需求信息，对产

201

品进行优化改进，使其更加贴合客户需求。

在网络层面，为适应智能制造的发展，推动工厂内部网络形成功能分区，减少层级权限问题对生产过程造成的影响；通过灵活组网使其能更加适应智能化生产的需要；通过IP化改造使其具有开放性的特点，能够进行多方互联；通过无线化建设减少布线对网络连接的限制，从而实现范围更加广泛的网络覆盖。

在安全层面，聚焦设备、网络、控制、应用、数据5个方面，构建全面的工业互联网安全保障体系，确保智能化生产顺利进行。

为了实现智能化对工业生产各链条、各环节、各要素的全面覆盖，工业互联网体系架构1.0构建了三大优化闭环。

● **面向机器设备运行优化的闭环**：利用数据这一载体，结合智能算法对生产设备进行监测，根据生产要求及"低耗高效"的生产原则对其进行优化调整。

● **面向生产运营优化的闭环**：加强对供应商信息的收集、归类与处理，通过智能化决策促进资源的合理调配，实现高效管理。

● **面向企业协同、客户交互与产品服务优化的闭环**：加强与企业之间的共享与协作，完善客户反馈渠道，实现对市场的深度洞察，推动产品定制化和服务化升级，着力打造新业态新模式。

工业互联网体系架构1.0从宏观角度搭建了工业互联网的体系框架，初步明确了工业互联网体系建设的方向，但尚不能实现在工业领域的大范围应用。为了提升其实用性和可操作性，实现与新一代信息技术的深度融合，突出数字技术的赋能作用，顺应技术进步趋势与我国工业互联网未来10年的发展需要。AII对工业互联网体系架构1.0进行补充与完善，于2020年提出了工业互联网体系架构2.0。

（2）工业互联网体系架构2.0

相较于工业互联网体系架构1.0，工业互联网体系架构2.0与我国工业企业发展现状结合更加紧密，呈现出更全面、更系统、更具体的特点。工业互联网体系架构2.0沿袭了工业互联网体系架构1.0中的网络、数据、安全三大功能体系，并以工业互联网平台代替数据功能，进一步提高结构的集成度与紧凑性，弱化数据传输及数据安全功能，强化数据的集成、分析和优化功能。此外，工业互联网体系架构2.0还引入了业务视图、实施框架及技术体系，如图15-3所示。

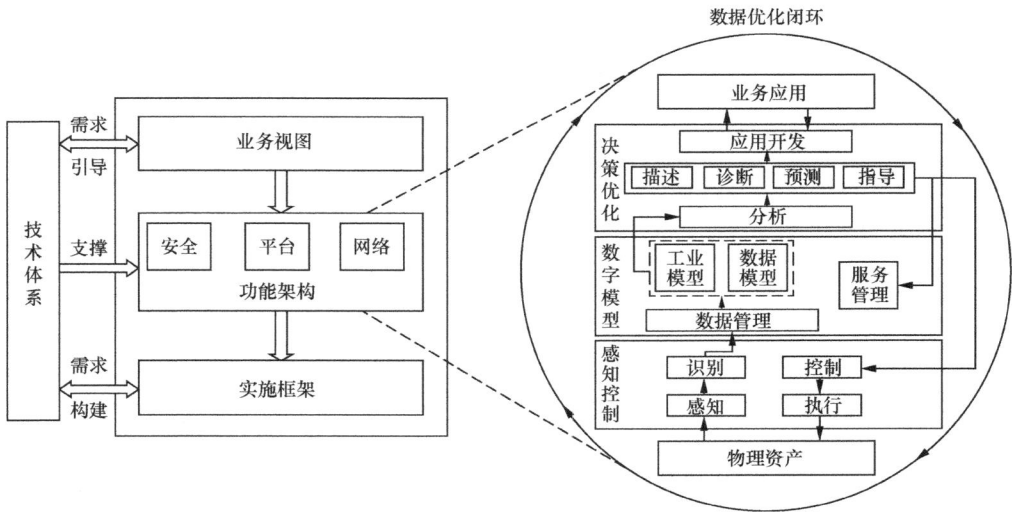

图 15-3　工业互联网体系架构 2.0

工业互联网体系架构2.0对业务视图、功能架构、实施框架进行了自上而下的层级架构，通过技术体系全程贯通，实现技术满足业务需求、技术支撑功能架构、技术构建实施框架的互动，使整体架构中各部分的功能更清晰，实施部署一目了然。

业务视图在工业互联网体系架构2.0中起到引领性作用，从宏观和微观两个层面明确了企业数字化转型的要点，帮助企业深入认识工业互联网的定位和价值，找准其在转型过程中的业务关键点，将关注内容集中于业务和技术两个方面，把握住"为什么转型""用什么转型""怎样转型"3个关键问题，并以此为依据设计功能架构。

功能架构以业务视图为指导，牢牢抓住平台、网络、安全三大功能体系，以平台作为核心支撑、以网络作为连接前提、以安全作为实施保障，并抽象出三大功能体系的运作规律，形成工业数字化应用的优化闭环。

实施框架提供了各项功能在企业中部署的蓝图，明确了每一项功能的部署位置、工作任务与工作方式。为了更好地保证功能实施的高效性，实施框架根据集成原理划分出设备层、边缘层、企业层、产业层等实施层级，以提升其与现有制造体系的结合度。

技术体系为整个工业互联网赋能工业转型升级提供了依托，支撑着功能架构的实现，并根据业务视图、功能架构和实施框架的需要为其提供支持，是一个服务于上层框架的整体技术体系。

（3）工业互联网技术体系

通过工业互联网体系架构2.0可以发现，技术体系是实现工业互联网应用的关键。随着数字化转型在各种业务场景中的推进，越来越多的需求不断涌现，工业互联网体系不仅需要支撑工业互联网体系架构，还要包括工业互联网的应用。工业互联网技术体系如图15-4所示。

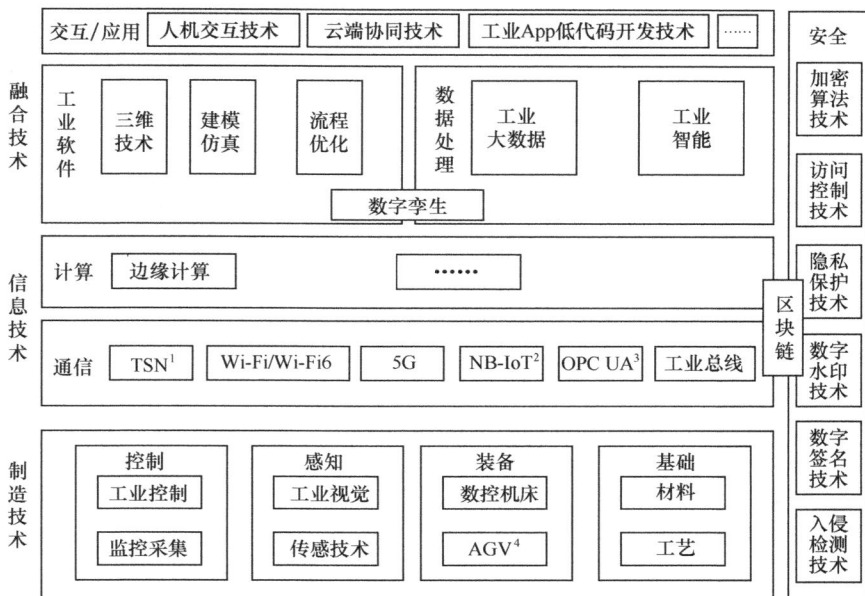

注：1. TSN（Time-Sensitive Network，时间敏感网络）。

2. NB-IoT（Narrow Band Internet of Things，窄带物联网）。

3. OPC UA（Open Platform Communications Unified Architecture，开放式平台通信统一架构）。

4. AGV（Automated Guided Vehicle，自动导引车）。

图 15-4　工业互联网技术体系

工业互联网技术体系主要包括制造技术、信息技术及融合技术三大模块，各个模块下又分别涵盖了不同的技术。这些技术均是从工业互联网赋能企业的过程中提取出的具有主导作用的关键技术，因此该技术体系对于工业互联网的应用推广具有重要意义。

● **制造技术**：作为工业互联网应用的基本载体，制造技术的创新发展能够直接带动生产力的跃升，为工业互联网提供更丰富的应用场景，形成技术进步、生产力提升、消费需求增加、工业互联网应用场景更加丰富的良性循环。制造技术所涵盖的感知和控制技术分别是数字化优化闭环的起始端点，同时其还具有采集物理制造系统数据、控制智能装备的重要功能。

● **信息技术**：信息技术直接决定着工业互联网中数据要素流动的效率与质量，是构建工业互联网数字空间、实现数字优化闭环的基础。

● **融合技术**：融合技术串联起企业运营的各环节、各链条、各要素，其以制造技术和信息技术为基础，实现数据的采集、分析与反馈，为工业互联网提供服务支撑。

03 工业互联网的关键技术

工业互联网技术体系展现了数字技术在工业互联网体系中的关键作用。一方面，其支撑功能架构中的网络、平台、安全三大体系建设；另一方面，其为功能架构中数据要素的流动提供支撑，是实现数据优化闭环的关键。此外，功能架构又决定着工业互联网在企业中的落地应用，是企业数字化、智能化建设的重要一环，因此，必须深度集成关键技术，通过对技术的综合运用，赋能企业发展。

（1）5G技术

在工业互联网场景下，为了满足智能制造的需要，需要人、机、料、法、环进行多维度、多方面的高效连接，以实现生产的协同与制造过程的自动化，而这对通信技术提出了较高的要求。5G能够为工业互联网场景下的人机协同、万物互联、自动化生产、智能化控制提供高效可靠的网络连接条件，满足其对多样性的需求。

（2）边缘计算技术

工业领域内进行一些精度要求较高或结构较复杂的产品的加工时，需要高算力的支撑；同时，为了满足多样性的生产需求，工业现场排布的大量总线和设备存在接口及通信标准方面的差异，需要在工业现场就近部署计算资源，降低数据传输时延和网络拥塞，为其提供实时高效的算力支持，并保证其安全性与隐私性。

由于边缘计算就近部署在数据源头及物的网络边缘侧，能够融合网络、应用核心能力、计算存储能力，在极短的时间内完成准确的工业运算，并能够提供边缘智能服务，因此在工业互联网中具有重要地位。

（3）工业智能技术

工业互联网的核心功能是借助数据对生产过程中出现的各种情况进行分析，通过智能决策保证生产过程的安全、平稳、高效。工业智能技术具备自感知、自学习、自执行、自决策、自适应的特点，能够处理工业互联网场景中海量的数据，辅助工业互联网在生产活动中进行精准决策，实现对生产操作的动态优化，是工业互联网形成数据优化闭环的关键。同时，工业智能技术具有全面感知、泛在连接、深度集成和高效处理功能，并对工业环境具有极强的适应能力，能够更好地辅助工业企业进行设备管理与维护，提升其运维效率。

（4）数字孪生技术

在工业互联网中，各种生产设备在运行过程中，以及在设备间彼此交互的过程中，会产生海量的数据，这些数据中蕴含着大量的信息，通过合理利用这些信息，能够实现科学决策，合理调配生产过程中的各类资源，及时调整设备参数，实现高效化、精确化生产。数字孪生技术能够以在物理生产过程中采集的数据为基础，在虚拟空间建立与现实生产同步的精确生产模型，并使用算法不断优化模型，提供准确合理的改进建议。同时数字孪生还能够用于新品研发，降低研发的风险和成本，具有互操作性、可扩展性、实时性、保真性、闭环性等特点，能够为工业生产提供模型支撑、智能决策、精准映射等服务。

工业数字孪生通过数据与模型算法的深度融合为工业业务流程优化提供了新的解决方案，通过将物理对象"1∶1"地在数字空间建模，能够实现整个生产环节在数字空间的复现，并借助算法模型对其进行分析预测，提供最优建议，最终实现工业全业务流程的闭环优化。

（5）区块链技术

为了更好地实现资源共享与业务协同，工业互联网的部署过程要求工业数据上云，而这带来了一定的数据泄露风险，也成为限制工业互联网应用推广的因素之一，因此需要从技术方面谋求解决方案，在实现工业数据上云的基础上通过身份认证、权限管理及数据防护技术保障数据安全，实现企业对自身数据的权限控制，以维护工业互联网中的竞争秩序。

区块链是一种新型的分布式网络数据管理技术，其运用分布式数据存储、点对点传输、共识机制、加密算法等技术，具有"去中心化"、不易篡改和可追溯的特点。通过应用区块链技术，工业企业能够自主对企业内部各个环节的数据进行共享、加密、权限控制等操作。此外，其分布式特点支持多个终端的数据存储与运算，能够有效解决客户间进行协作的信任问题，有利于企业间的合作与协同，例如，分布式账本通过使用多个节点记录交易信息，从而起到监督交易合法性的作用。

04　工业互联网的应用场景

（1）面向工业现场的生产流程优化

优化工业现场生产流程，提升生产效率与产品质量，降低生产能耗，对生产设备进行最优参数设置是应用工业互联网最直观的体现。在工业现场生产中，工业互联网通过制造技术中的传感技术等技术采集各种数据；通过信息技术实现数据的高效传输与处理，根据生产要求制定出合理的优化方案；通过制造技术中的工业控制等技术将方案应用到具体的生产场景中。本节主要介绍工业互联网在制造工艺、生产流程、质量管理、设备维护和能耗管理等场景中的应用。

① 制造工艺

借助传感技术与边缘计算技术，工业互联网平台能够采集和分析加工余量、工序尺寸、公差、切削用量、工时定额等工艺参数和设备运行数据，通过模型算法模拟生产活动，确定最佳生产方案，实现高质量制造。

② 生产流程

借助数据平台汇聚和处理生产各环节的数据，合理统筹生产进度，做好仓储管理，与上下游企业进行高效对接与协同，制订高效的生产计划，合理调度物料和人员等要素，全程掌握生产进度。

③ 质量管理

工业互联网平台能够利用高效的数据分析算法与现场网络互联，

及时将产品检验数据精准地反馈至操作者、设备、材料、方法与生产环节，从而实现对生产过程的严格把控，从源头解决产品质量问题，提升产品的合格率。

④ 设备维护

工业互联网平台能够采集和存储设备的运行数据，形成设备的运行日志，并通过将收集的数据映射在数字空间，实现对设备运行的模拟、监测与预测，提早发现并解决设备运行中可能出现的问题。

⑤ 能耗管理

实时监测工业生产现场的能耗情况，采集与分析相关的数据，结合生产的要求与设备的运行情况精准、合理地分配能源，提高能源利用率，减少温室气体排放。

（2）面向企业运营的管理决策优化

工业互联网平台能够通过对数据的利用与管理实现生产现场、企业管理、供应链的高效贯通，并得出各种要素的分配权重，提升了决策的科学性与准确性，实现企业内部的高效化管理。

① 供应链管理

通过建立标识解析体系，工业互联网平台能够实现对物料从原材料到中间品再到成品及其后续的分销、零售等全过程的状态监管，因此，工业互联网平台能够监控、追踪和预测生产现场的物料消耗，及时调配物料，通过高效的物流与信息流保证零库存情况下的物料供应，降低仓储成本。

② 生产管控一体化

借助工业互联网平台，能够实现业务管理系统和生产执行系统的高效协同，提升决策部门对生产过程的控制力与生产部门对生产计划的执行力，增强二者的同步性，缩短交货周期，提升企业生产效益。

③ 企业决策管理

工业互联网平台能够汇聚企业内部的所有数据，并对其进行归类和处理，为企业决策提供科学依据。

（3）面向社会化生产的资源优化配置与协同

工业互联网平台能够通过数据共享、区块链技术等实现企业与市场之间、企业与企业之间、企业与客户之间的对接，高效获取需求信息、技术资源与生产协同信息，同步推进原材料供应、产品设计与制造、产品销售、售后服务等各个环节，促进资源的优化配置。

① 协同制造

工业互联网平台通过网络实现客户、设计、生产经营信息在整个生产链上各个企业之间的共享，实现柔性设计、柔性生产，提升产品的研发与生产效率，降低生产经营成本，推动产品与客户需求的精准对接。

② 个性定制

工业互联网平台提供了客户向企业进行意见反馈的直接渠道，双方能够直接就产品问题进行沟通，实现产品的个性化定制，满足客户的差异化需求，并提升客户忠实度。

（4）面向产品全生命周期的管理与服务优化

工业互联网平台能够汇聚从产品设计到产品最终服务全生命周期的数据，通过工业互联网平台内保留的历史数据对产品的设计、生产、销售和服务过程进行再现，实现工业互联网设计的可制造性预测、使用环节的科学维护，同时通过分析生产数据与客户满意度信息有针对性地优化产品，提升产品的价值转换率。

① 产品溯源

通过标识技术，工业互联网平台跟踪、检测与存储产品生产过程中的物流、信息流、资金流数据，形成产品的信息管理档案，能够辅助企业进行产品防伪、物流管理、品牌宣传等工作，实现产品全生命周期的透明化管控。

② 产品/装备远程预测维护

借助传感技术和融合技术，工业互联网平台实现产品或装备实时运行数据、设计数据、制造数据、历史维护数据的集成，并形成预测模型，根据所检测到的信息预测设备的生命周期，诊断潜在的故障类型并辅助修复，远程维护设备，以实现设备的科学管理。

③ 产品设计反馈优化

工业互联网平台能够监测产品的运行状态并记录其数据，收集客户的行为信息，为产品和制造提供合理建议，优化产品的设计和制造方案，提升产品与市场需求的贴合度，加速产品的创新升级。

第 16 章

智能工厂：
制造业数字化转型实践

01 智能工厂的概念、特征与模式

智能工厂强调人机交互，注重发挥人与机器间的协同作用。智能化生产系统、网络化分布生产设施，都是推进生产过程智能化的重要工具和手段。智能工厂具备一定的自主性，能够自主完成采集、分析、判断、规划等一系列活动，并通过优化调整来完成自我学习和自我维护。智能化生产系统包括多项技术的应用，整体可视技术可用于推理预测，而借助仿真及多媒体技术可以将设计和制造过程按照实际情况真实完整地展示。系统的各个组成部分有机地结合在一起，形成最合理的架构。

根据全面质量管理理论，产品的质量受到5种因素的影响，即人、机、料、法、环，这5种因素分别表示产品制造过程中的人员、机器、原材料、方法、环境，智能工厂将这5种因素融合起来，实现智能生产。智能工厂信息化架构如图16-1所示。

（1）智能工厂的主要特征

智能工厂的特征主要体现在以下5个方面。

● 借助物联网技术在设备间建立连接，实现信息的互联互通，在一间"物联工厂"中，可以便捷地获取关于设备、物料、成品的生产数据，实现生产状态的实时监控。

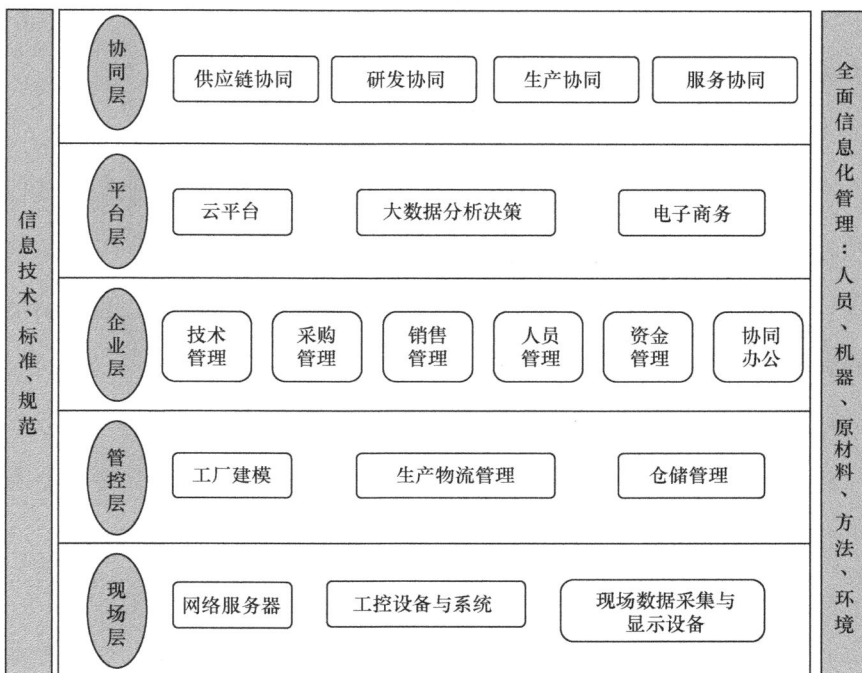

图 16-1　智能工厂信息化架构

- 通过收集数据形成数据库，并对数据进行分析，工厂得以进行自我学习，并由此制定出更合理的能源消耗方案，提升决策的准确性。

- 具有高水平的自动化生产线，这样的生产线可以进行个性化定制生产，能够在降低成本的同时提高生产效率，更好地满足市场需求。

- 提高物流仓储的智能化水平，建设自动化立体仓库和自动输送分拣系统，能够更高效地管理货物的出入库，并实时录入仓库管理的相关数据。

- 在工厂内安装电子看板，使员工能够随时获取生产动态，操作人员可根据实时动态指挥或调整生产过程。

（2）智能工厂主要建设模式

受行业生产流程和智能化建设情况的影响，智能工厂的建设模式分为多个种类，主要如下。

① 从生产过程数字化到智能工厂

钢铁、建材、纺织、医药、食品等的制造属于流程制造，这些制造领域的智能化聚焦于产品品质可控，生产数字化建设是其智能化的起点，从品控出发将末端控制转换为全流程控制。因此，这些制造领域的智能工厂遵循以下建设模式。

● **生产过程数字化**：在生产制造过程的各个环节配备信息化系统，建设统一的可视化平台，跟踪整个生产流程，使多个部门参与其中进行协同控制。

● **生产管理一体化**：在企业内部建立信息物理系统（CPS），促进生产、管理、销售等环节的融合与协作，为信息和资源的交流共享创造更加便利的条件。

● **供应链协同化**：将供应商和物流企业纳入CPS，通过原材料采购和生产配送环节的集成，加深供应链的协同化程度，形成明确且稳定的流程，使供应链的运行变得更加高效。

● **打造大数据化智能工厂**：端到端集成和个性化定制服务是大数据化智能工厂的关键构成要素。

② 从智能制造生产单元（装备和产品）到智能工厂

机械、汽车、轻工、家用电器、电子信息设备等的制造属于离散制造，这些制造领域的智能化着眼于挖掘更大的产品价值。产品价值与生产效率和产品效能有着密切的关联，设备自动化可以提高生产效率，产品智能化则可以增加产品的效能。因此，离散制造领域遵循以下智能工厂建设模式。

- **生产设备（生产线）智能化**：根据实际生产需要配置智能装备，围绕智能装备和CPS构建车间级智能生产单元，提高生产制造的精确度和敏捷性。

- **拓展基于产品智能化的增值服务**：安装智能装置的产品可以与CPS建立连接，实现与产品有关的增值服务，如远程故障诊断等。

- **车间级与企业级系统集成**：深化生产环节和经营环节的集成，鼓励和推动上下游企业之间进行信息资源的交流和共享，依托横向价值网络促进上下游企业协同发展，取得更多的创新成果。

- **生产与服务的集成**：推动智能工厂转型，在产品之外提供更多的高质量服务，优化产业结构，提升产业竞争力。

③ 从个性化定制到互联工厂

家电、家居、服装等消费品制造领域与人们的日常生活密切相关，这些制造领域的智能化将着眼于消费者的需求，同时保持一定的生产规模，利用互联网平台实现个性化定制生产。因此，这类制造领域遵循以下智能工厂建设模式。

- **个性化定制生产**：通过互联网平台与客户展开深入交流，了解客户需求，并形成需求模型，建设柔性化生产线，根据客户需求进行定制化生产。

- **设计虚拟化**：在互联网的帮助下，对设计环节进行逆向整合，通过数据链加深设计、生产、服务各个环节的联系，借助虚拟仿真技术模拟并改进生产工艺。

● **制造网络协同化**：对传统的垂直组织模式进行改进，构建以扁平化、虚拟化为主要特征的新型制造平台，以平台为依托有效整合产业链上的资源，定制、设计、生产等不同环节将通过平台建立联系，实现协同。

建设智能工厂能够有效推动制造业企业的转型升级。在进行智能工厂的建设时，一是要考虑企业的中长期发展战略和产品、订单、生产工艺、生产设备等方面的具体情况；二是既要遵循一定的规范和标准，也需要具备较强的针对性，只有这样才能解决企业所面临的现实问题。

02 智能工厂的体系架构

智能工厂的体系架构从下至上依次为基础设施层、智能装备层、智能生产线层、智能车间层和工厂管控层，如图16-2所示。

（1）基础设施层

企业需要建造工厂网络，工厂网络可以是有线的，也可以是无线的。有些生产过程能够借助工厂网络实现自动化，例如，下达生产指令以及采集设备和生产线的信息；建立车间联网环境，使车间的设备之间可以建立起有效的网络连接，包括可编程逻辑控制器（PLC）之间、数控机床之间、机器人之间、仪表或传感器之间；借助视频监控系统实时监控车间的状况，发现异常立即告警。

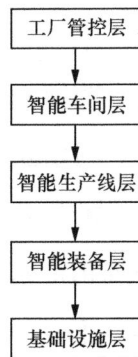

图 16-2 智能工厂的体系架构

另外，工厂的智能化还应在环境参数控制和工业安全上有所体现，环境参数包括温度、湿度、洁净度等，工业安全则包括工业自动化系统、生产环境、人员等方面的安全。

（2）智能装备层

智能装备是智能工厂的重要组成部分，可分为智能生产设备、智能检测设备和智能物流设备等。智能装备是制造装备在机械装备和数控装备后的又一发展阶段。

智能化加工中心能够对误差和温度做出补偿，同步进行加工和检测。工业机器人集成了视觉传感器、力觉传感器等多种传感器，可以对工件做出准确识别，以完成工件的装配。此外，工业机器人还能与人配合进行人机协作。智能物流装备包括自动化立体仓库、智能夹具、悬挂式输送链等。举例来说，上海发那科（Fanuc）智能工厂将自动化立体仓库引入生产制造过程，实现在不同的智能加工单元间传递物料。

（3）智能生产线层

智能生产线可以用来自动采集生产和装配过程中的多项数据，包括质量、能耗和设备综合效率等，数据采集要用到传感器、数控系统和射频识别等，基于数据的生产状态将显示在电子看板上。借助安灯系统，生产线上的不同工序之间能够更好地展开协作。生产线具备一定的柔性，同一条产线上能够进行多种产品的生产和装配，有助于实现个性化定制生产，更好地满足客户需求。生产线具备一定的冗余，确保设备发生故障时可及时更换生产设备。生产线的部分工位由人工进行操作，工位的操作人员可以收到智能提示。

（4）智能车间层

有效管控生产过程，需要设备处于联网状态，通过制造执行系统

（MES）、先进规划排程系统、劳动力管理等多种软件，优化产能规划和人员安排，更加充分地利用生产设备，追溯生产过程，避免在制品库存积压过多。借助多种移动终端能推动生产过程实现无纸化，节约时间和成本。

可通过数字孪生技术构建虚拟三维车间模型，由此展现MES获取的数据，其中既包括车间虚拟现实环境中的数据，也包括设备实际状态中的数据。

在建设智能工厂的过程中，车间物流智能化是关键一环。在生产制造过程中，智能物流装备能够更好地保障物料配送的及时性。在智能物流中，数据化拣货系统发挥着重要的作用，可自动拣选物料。

（5）工厂管控层

工厂管控层负责监控生产过程，监测工厂的实时运营状况，发出生产指令，指导车间之间的协作，合理调度资源。生产管控一般要用到分散控制系统（DCS）或可编程逻辑控制器（PLC），绝大多数流程制造业企业采用这两种控制系统。近年来，离散制造业企业通过中央控制室进行工厂管控，工厂的运营情况、设备的运行状态都会显示在中央控制室中，并通过图像识别技术识别视频监控的内容，若发现问题或异常，会自动进行告警处理。

03　建设智能工厂信息化系统

建设智能工厂信息化系统，需要将多种理论和技术融合到一起，如现代管理理论、智能制造理论、网络通信技术、自动化技术和大数据技术等，基于理论和技术制定科学规划，从设备、研发、管理、生产和监控等各个环节入手建设智能工厂，智能工厂的模块包括智能设计、智能经营、智能生产和智能决策。智能工厂信息化系统主要由以下4个部分组成。

（1）ERP系统

ERP系统常规流程的步骤如图16-3所示，其面向的管理目标与物料、合同、台账、采购和成本等有关，所做的具体工作如下。

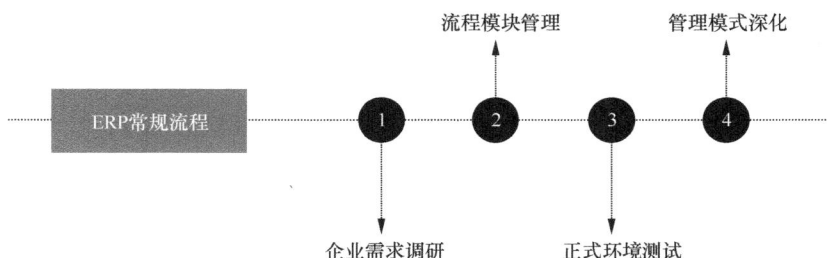

图 16-3 ERP 系统常规流程的步骤

- **提升管理概念**。针对定性管理、职能式管理等管理方式做出改变，采用定量管理和资源式管理。

- **理顺管理流程**。针对单件小批量产品的生产装配，理顺相应的管理流程，确定实际操作过程中要遵守的制度，在出具生产流程所需要的各类票据时，要做到格式规范统一。

- **确立物料配送制，实行缺件告警**。将仓库所采用的领料制改为配送制，并在装配前进行检查，如果存在缺件要发出告警。

- **有效控制库存**。对配套库存进行有效管理，长短件的比例应处于较低水平。

- **降低成本**。可采用多种方式降低生产成本，包括限制物料的发放、对库存实施控制等。

● **缩短生产周期**。可采用多种手段缩短成品的生产周期，当工程发生变更时，从设计和生产层面入手快速地做出反应；保障生产过程中的物料供应，防止出现长时间停工待料的情况；提升采购效率，缩短采购周期。

● **构建可预见性机制**。对库存、成本、缺件、订单交货期和采购到货期等进行预测。

（2）PLM系统

PLM系统的体系架构主要涵盖基础数据层、管理规划层、技术应用层和客户服务层这4个层级，如图16-4所示。系统面向的管理目标与工艺设计、图纸管理、设计变更等有关，所做的部分工作如下。

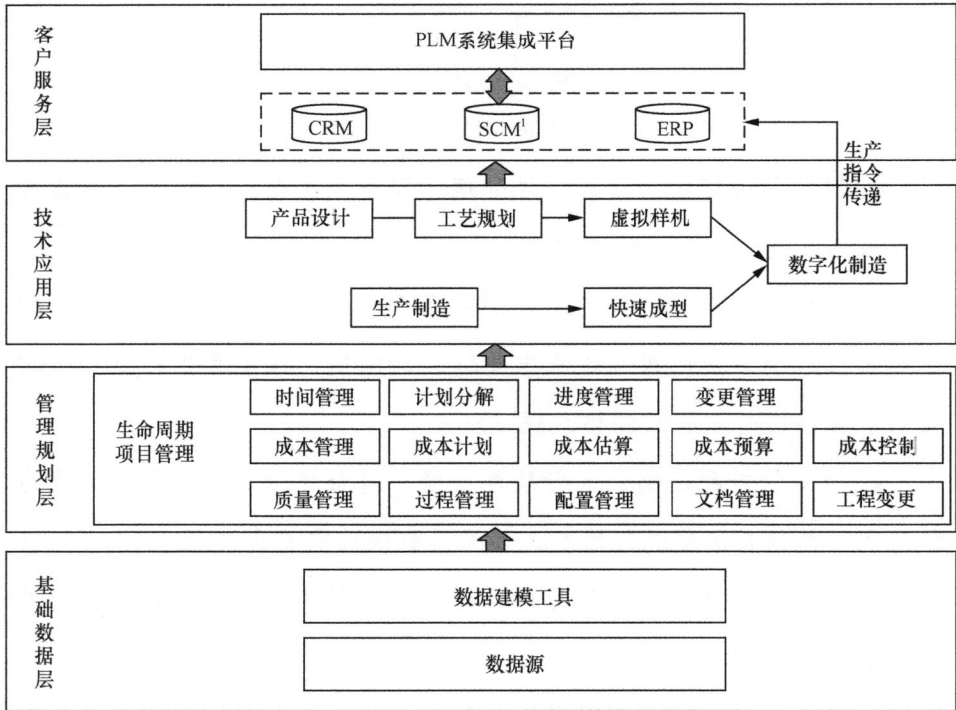

注：1. SCM（Supply Chain Management，供应链管理）。

图16-4　PLM系统的体系架构

- 建立运行效率高、规范性较强的文控体系，对企业运行过程中用到的资料进行有序管理。

- 建立企业标准物料库，对企业生产制造过程中用到的物料进行规范管理。

- 建立管理平台，对图文档和工艺信息实施有效管理，集成AutoCAD、SolidWorks等各种格式的CAD数据，在线浏览数据，并提取数据中包含的信息。借助图文档管理平台，对产品实施结构化管理，在产品数据共享时有效保障数据的安全，并使用电子手段进行审批。借助工艺信息管理平台，编制工艺路线和工艺过程卡片，汇总物料清单以支撑生产。

（3）MES

MES是一种能够对生产过程进行实时追踪和控制的信息化系统，总体架构主要包括智能互感互联层、智能制造执行层和ERP层，如图16-5所示。系统面向的管理目标与生产过程管控、生产质量追溯和设备运行等有关，所做的具体工作如下。

- **全面集成**。MES可以将与自身存在连接的一切系统和设备集成在一起，包括ERP、PLM等信息化系统，钣金、生产线等自动控制系统，以及设备等。MES通过整合构建起生产管理平台，这个平台从事的业务是统一的，遵照的流程是顺畅的，采用的数据是规范的。

- **精益排程**。运用ERP系统，结合产能和物资等方面的实际情况，制订出合理的排程计划，对物料、人员和设备等实施统一指挥和调配，在生产过程中发出指令。

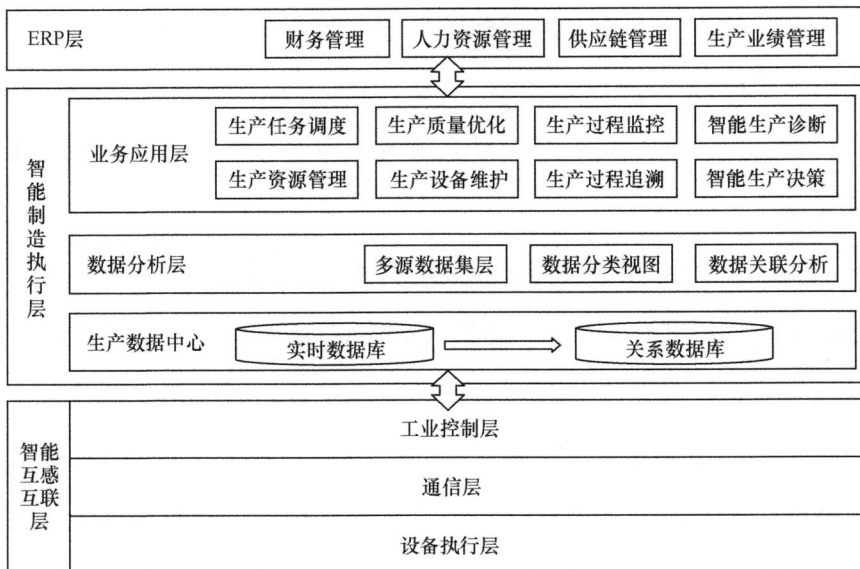

图 16-5　MES 总体架构

● **自动化物流和物料管理**。MES能够履行仓库管理系统（WMS）的一部分功能，与自动化立体仓库、AGV等自动物流系统配合，管理物料，实现自动化物流。在具体工作方面，MES跟踪物料的流动状况并发出指令，规划物料的投放，调节和管理物料的消耗。物料跟踪要用到工单、批次管理等方式。

● **质量管理**。收集和汇总覆盖整个生产过程的质量信息，进行质量的跟踪、反馈和控制，MES会在质量管理的过程中出具质量报告。当产品出厂时，也会形成出厂试验报告。

● **生产过程管理**。根据整个工厂的数据，构建综合控制系统，包含电子看板、监控中心、数据采集与监视控制系统和安灯系统等。系统会显示生产现场的数据，能够监测生产过程，并在发现异常情况时做出告警处理，针对具体情况采取应对措施。

（4）WMS

WMS应用的关键技术如图16-6所示，其面向的管理目标与实物仓储、出入库、物料质检和组盘等有关，所做的具体工作如下。

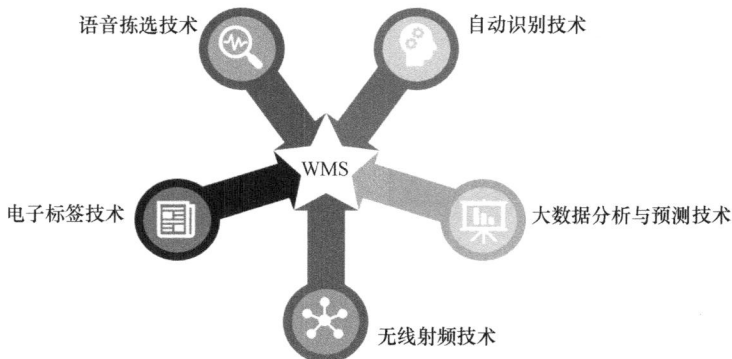

图 16-6　WMS 应用的关键技术

- 对原材料、成品和备品备件等进行全方位的管控，管控的覆盖范围包括被管控对象的出入库、调拨、质检和在库等过程。

- 在ERP系统、WMS、库存实物之间进行信息交互，及时性和一致性是信息交互应当达到的要求。

- 做到账簿记录与实际相符，跟踪物料的流转和消耗状况，采用更加多样化的手段挖掘应用的功能。

- 运用底层技术，以自动化的方式实施调度。

04　智能工厂的规划与实施

智能工厂的建设牵涉到很多方面，步骤较为复杂，建设难度较高。企业在建设智能工厂的过程中可能会遇到的困难包括：部分车间的生产物流和仓储物流之间不能建立起有效的协同关系；斥巨资购入的自动化设备无法派上用场等，这在一定程度上要归因于企业缺乏整体规划。由此可见，无章可循不利于智能工厂的建设，应在建设正式开始前制定一个整体规划，包括建设目标、建设所需预算和建设所采用的路径等内容。清晰的规划将对智能工厂的建设起到指导作用，按规划实施建设将有效提高建设效率和建设质量。

智能工厂的规划与实施包含以下6个步骤，如图16-7所示。

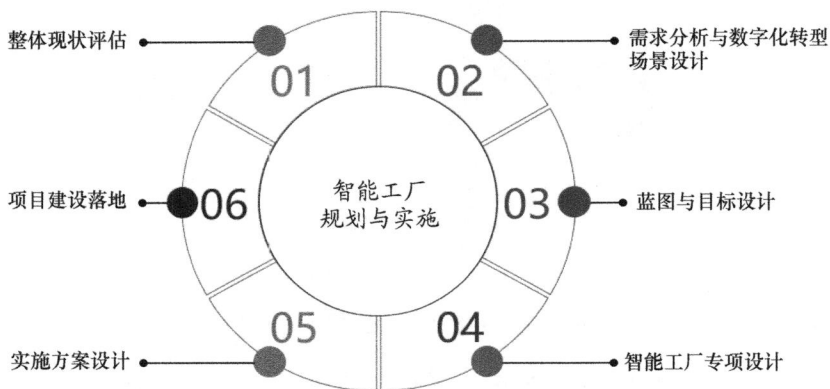

图 16-7　智能工厂规划与实施步骤

（1）整体现状评估

建设智能工厂首先要评估有关自动化、数字化和智能化的整体现状，包括工厂的整体现状以及企业运行和业务层面上的整体现状，主要涉及企业的战略思想、采购、生产、运营和管理等方面，其中管理是较为重要的一个方面。评估完毕后，基于掌握到的各个方面的整体现状，构建数字化评估体系，工业和信息化部发布的《智能制造能力成熟度评估方法》为建设评估体系提供了参考。另外，在实际建设评估体系的过程中要结合企业的实际情况。基于数字化评估体系，进一步评价各项业务的自动化、数字化和智能化水平，从而有针对性地开展智能工厂的建设。

（2）需求分析与数字化转型场景设计

评估完现状后，应进行需求分析，可以从以下7个方面对需求进行分析。

- **竞争差距产生的需求**：企业在自动化和数字化方面与居于领先地位的企业相比存在哪些差距，应怎样缩小差距并实现反超。

- **企业数字化转型升级的需求**：企业数字化转型的方向是什么，应采取什么样的方式推进数字化转型，数字化转型要取得怎样的效果。

- **企业管控产生出的需求**：包括对生产、财务和人力资源等的管控。

- **业务和管理特点对应的需求**：例如，项目型制造面向的是订单设计，订单意味着项目，因此对这类制造业企业来说，项目制管理模式的作用是非常关键的。

- **自动化改造需求及工艺优化需求**：提高生产的自动化水平，采用更先进的生产工艺。

- **外部协同方面的需求**：与产业链的上下游企业之间建立更有效的协同关系，实现更高效的协作。

- **技术发展需求**：更好地利用大数据、人工智能等技术，推动业务发展。

根据需求分析结果进行各项业务的数字化转型场景设计，确定业务在数字化环境下的运转模式，描绘业务在数字化转型过程中呈现出的变化趋势。设计场景时需要注意以下5点。

- 尽可能实现场景的形象化和图像化。

- 对比新旧场景，清晰地展现出场景的变化。

- 对场景进行划分，包括远期场景和近期场景的划分，以及已实现场景和设想场景的划分。

- 制定出明确的流程以实现场景的落地。

- 找到并标注出重点场景。

（3）蓝图与目标设计

智能工厂的建设依照蓝图与目标进行，首先要确定一个长远目标，在此基础上制定出整体规划、软件架构、自动化架构和数据架构等方案。长远目标的实现不是一步到位的，而是要分成多个阶段，针对不同的阶段形成相应的短期目标。另外，要从组织、人才和标准等方面入手，为实现蓝图与目标提供有力保障。

（4）智能工厂专项设计

智能工厂建设与企业的各个方面都有着密切的联系，需要根据蓝图和目标形成专项设计，即针对企业的每项业务做出更加具体和详细的设计，确立每项业务的建设目标，明确建设所采用的架构，并描述具体的建设内容。

专项设计是总体设计的组成部分，基于对总体设计的拆解而得到，确定适应企业实际情况的专项设计，能够在很大程度上促进总体设计的落地。智能工厂的专项设计包括8个专项，分别是自动化与少人化专项、生产运营体系优化专项、物流供应体系提升专项、研发与工艺创新专项、管理决策体系提升专项、智能产品与服务专项、基础能力规范专项和数字化团队专项，前6个专项与具体的业务有关，后2个专项则属于基础专项。

（5）实施方案设计

按照规划形成建设智能工厂的总体路径，制订流程和时间表，划分建设智能工厂的不同阶段，每一个阶段应有相应的目标及核心工作。依托总体路径，确定对应各项业务的数字化建设专项路径和计划，计划中应包含各项业务在数字化建设方面要实现的目标，以及具体的建设内容和建设步骤，根据计划筹备人员和资金等资源，为计划的实施提供支持。

（6）项目建设落地

根据路径和方案进行实际的智能工厂建设，建设阶段通常需要3～5年。建设过程中要抓好每一个项目，确保项目的启动、招标、建造和更新等工作顺利进行，并且要定期回顾和总结已完成的工作，如果发现规划与实际情况存在冲突，应及时调整规划。

第六部分

应用场景

第 17 章

智慧政务：
云计算赋能政务信息化

随着新一代信息技术与政务工作的不断融合，政务工作的网络化和数字化程度不断提升，政府职能也由管理型向服务型转变，我国迎来了智慧政务时代。

01 政务信息化建设的时代需求

在建设政务信息化的进程中，传统政务模式的问题日益凸显，例如，在客户端设备方面，个人计算机的硬件购置成本高、升级更新维护难、功耗大，甚至无法保证数据安全。此外，还有设备资源浪费严重、信息系统运维艰难、重复建设现象严重、相关人才欠缺和安全意识较差等问题。这不仅制约着政务信息化建设的水平，而且不利于我国整体数字化的发展。针对这一系列问题，政务信息化建设需要考虑以下需求。

● **提高设备资源利用率**：积极运用数字化手段提升系统决策的科学性，实现设备的标准化管理与科学配置。

● **降低系统的运维成本**：借助数字技术，创建智能、高效的电子政务系统，实现系统的自动化、精细化运作。

● **减少重复建设现象**：发挥物联网的优势，实现各设备、各系统间的实时交互。

● **引进和培养相关人才**：出台激励政策吸引优质人才，同时加大人才培养力度，增加相关人才的供给。

● **强化各部门的安全意识**：适时开展信息安全培训，增强政府工作人员的信息安全意识。

随着智慧政务建设逐步深化，线上政务工作模式得到进一步扩展，智慧政务云平台也日益成为开展政务工作不可或缺的载体，创建并完善智慧政务云平台是当前一大要务。

02　智慧政务云平台的总体架构

智慧政务云平台是利用数字技术，借助云平台并结合政务资源创建的。它包含云基础设施、云支撑、云应用等，旨在优化政府管理职能与服务职能，提升政府工作效率与服务水平。建设智慧政务云平台能够实现政务信息共享，从而充分发挥政务信息的作用，减少资源浪费。智慧政务云平台解决方案如图17-1所示。

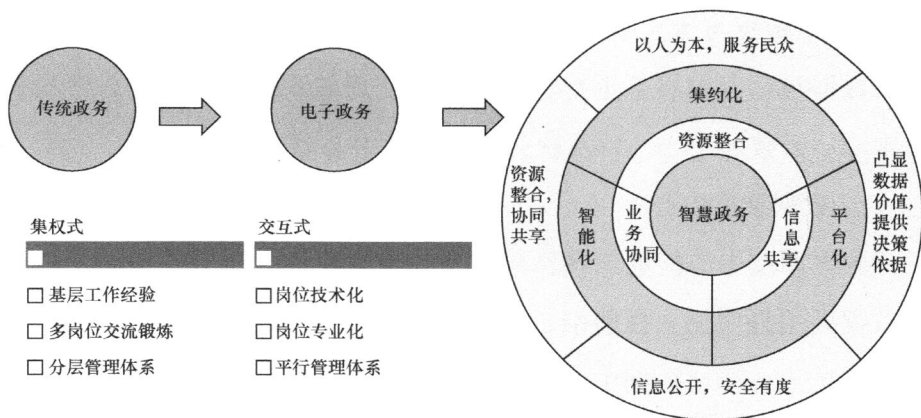

图 17-1　智慧政务云平台解决方案

随着政务信息化建设的推进，插座式计算机作为智慧政务云平台的载体应运而生。插座式计算机体积小、能耗低、性能强，能够弥补传统个人计算机的缺陷，具有广阔的应用空间。插座式计算机本地无存储，所有数据处理工作均在云端完成，因此需要创建涵盖政务信息公开、网上审批、电子监察功能的桌面云系统，通过互联网实现政务集中化管理，提升设备的安全性与环保性，促进智慧政务发展。

智慧政务云平台能够推动政府职能由管制型向服务型转变，并创建"云+端"的政务信息化架构。智慧政务云平台主要由虚拟资源管控平台、数据与运营中心、软件部署和运行平台、云主机管理平台，以及备份容灾中心组成。

（1）虚拟资源管控平台

虚拟资源管控平台可被视为保障智慧政务云平台正常运转的后台，能够为智慧政务云平台提供计算、存储、网络等服务器群组，同时还能实时监测各项服务器群组的状态。此外，还具备资源池规模管理、负载均衡等功能。

（2）数据与运营中心

数据与运营中心是进行数据传输与处理的系统，通常包含数据调度中心、云数据中心，以及智慧政务运营中心等。

① 数据调度中心

数据调度中心能够衔接云数据中心与智慧政务运营中心，实现政务数据效用最大化。在前端，统一数据接口标准，规范数据传输共享规则，接入各个云数据中心，实现数据的流通与交互；在末端，向智慧政务运营中心输送其所需的数据，完成对数据的应用。

② 云数据中心

云数据中心具备数据收集整合、分析处理、价值挖掘等功能。一方面，借助大数据、机器学习等技术整合、筛选和加工政务数据，挖掘数据的深层价值，以支撑智慧政务的运转；另一方面，利用数字技术实时捕捉日常热点和舆情等数据，进一步扩大数据中心应用规模，夯实数据基础。

③ 智慧政务运营中心

智慧政务运营中心是政务数据的应用平台，也是一种较为复杂的运营平台，能够实现政务工作的可视化处理，为管理者和运营者提供决策依据。常见的智慧政务运营中心有万维网（Web）、移动App和PC客户端等。

（3）软件部署和运行平台

根据解决方案，各政府部门以智慧政务云平台为载体，在软件部署和运行平台上安装并运行所有政务系统软件，同时灵活应用智慧政务云平台中的计算、存储和网络服务器资源，高效开展政务工作。

（4）云主机管理平台

云主机管理平台即桌面云管理平台，具备传统主机的所有功能，例如，软件的统一安装、运行、维护和升级等功能。另外，基于数字技术的云主机管理平台还具备虚拟机监测和授权等功能。

（5）备份容灾中心

备份容灾中心是智慧政务云平台不可或缺的重要功能，涉及智慧政务云平台内外部的方方面面，例如，内部的数据存储和运行，外部的业务流程和规章制度等。备份容灾中心不仅需要备份数据，而且需要预测与分析业务与数据的潜在风险，以保护数据的安全。同时，还应根据云数据中心的状态实时调整任务计划，完善项目管理措施，保证项目正常运行。

03　智慧政务云平台的主要功能

智慧政务云平台应具备行政并联审批系统、行政对外服务门户网站、电子监察系统、舆情监测分析系统和智能办公平台等功能。

（1）行政并联审批系统

智慧政务云平台能够创建多道程序共同运行的智能化并联审批模式，实现"一窗受理、并联审批、限时办结"，可减少审批等待的时间，提升审批的精准率。行政并联审批系统如图17-2所示。

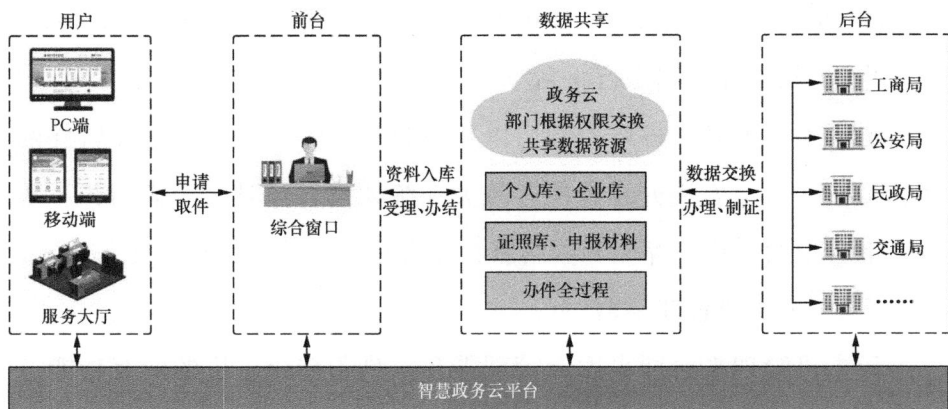

图 17-2 行政并联审批系统

（2）行政对外服务门户网站

行政对外服务门户网站是群众与政府交流互动的窗口，群众可以通过该网站完成建议、投诉、反馈和申请等事项，政府则可以通过该网站发布各种民生信息、规章制度和工作总结等。

（3）电子监察系统

传统行政监察工作主要是事后监察，具有一定的滞后性。智慧政务云平台的电子监察系统可以整合、分析、审批业务监察的数据，做到政务工作的实时监控与预警纠错。该系统能够公开操作，提高了工作的透明度，减少了不必要的纠纷。

（4）舆情监测分析系统

舆情监测分析系统通过浏览国内外媒体的报道，了解群众的真实需求与真实反馈，整合相关的民意数据，利用相关软件或工具将数据进行可视化处理，并将处理结果与政府预期进行对比，从而实现对政府决策的优化调整。

（5）智能办公平台

智能办公平台涵盖了所有日常政务工作，包括流程审批、信息服务、文案编辑等，便于政务工作的开展。智能办公平台能够对工作人员的使用偏好、职责等信息进行智能感知，并据此提供更加个性化的客户界面与系统功能。此外，智能办公平台还具备智能备忘录功能，能够根据工作人员的工作计划，自动设置待办事项、会议提醒等，并根据时间要求事前提醒工作人员，提高工作效率。

04　智慧政务云平台的安全防护体系

政府越来越多地使用智慧政务云平台实施治理，提供公共服务，这个过程中产生的重要敏感数据与国家安全有着密切联系。因此，需要采用有效的安全措施保护数据。防火墙、杀毒软件等传统网络安全防护工具能够取得一定的安全防御效果，但不能很好地应对复杂程度更高的云上网络环境，多种防护方法之间缺乏联动，且不具备从全局出发主动防御网络威胁的能力。

传统安全防护聚焦于终端防护、网络防护和主机防护等边界防护，而大数据、云计算等数字技术的出现和大规模应用改变了数据的存储方式，将数据存储在云端逐渐成为趋势，边界防护很难顾及处于安全防护边界之外的数据。此外，物联网设备的持续进步和更新也为传统安全防护方法带来了更大的挑战。传统的安全防护手段长时间未得到升级和强化，而攻击者却有多种多样的攻击手段，由此可见，传统的安全防护方法已经不再适应当今的安全防护需要，建立新的安全防护体系势在必行。

智慧政务云平台安全防护用到了态势感知技术，借助门控制循环单元能够建立智慧政务云平台安全态势神经网络训练模型，对智慧政务云平台上信息系统的安全态势实施监测和预警，并采取相应的防护措施，有效保障数据的安全，显著提升智慧政务云平台的服务能力和效率。

依托网络安全态势感知模型，可以构建安全防护体系，这一体系包括以下3个方向。

（1）态势感知联合防火墙自动布防

这一方向需要用到态势感知管控中心和Agent（智能体）探针，采集多方的日志数据，包括网络安全设备防火墙、僵尸网络木马和蠕虫监测与处理系统、终端威胁和防御系统等。通过日志数据可以对网络安全态势实施监测和跟踪，及时发现病毒、漏洞、网络攻击等安全风险和隐患并发出预警，针对潜在的安全威胁进行防御。态势感知联合防火墙自动布防机制示例如图17-3所示。

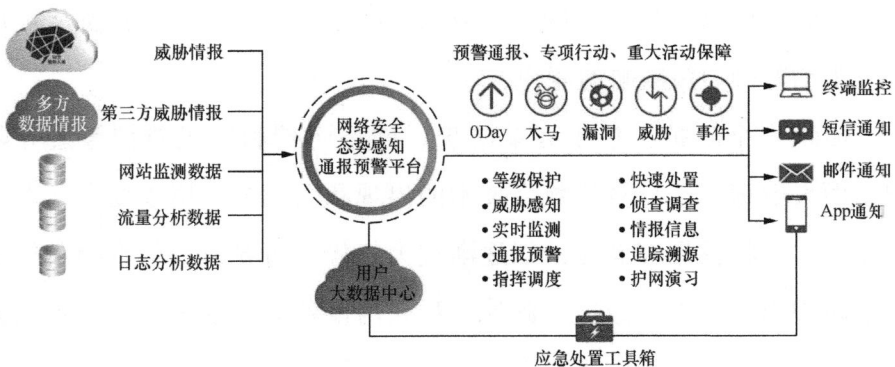

图17-3　态势感知联合防火墙自动布防机制示例

态势感知联合防火墙自动布防包括以下3项防护功能。

① 实时监测攻击源和攻击类型

可按照风险等级对攻击进行高风险、中风险和低风险的划分，明确攻击源、攻击类型和被攻击主机3个方面的信息，并在页面上显示。其中，攻击类型主要包括注入攻击、文件漏洞攻击、浏览器挟持和非授权访问等。

② 动态防护主机和业务系统

主机防护需要对主机的状况进行实时监测，发现僵尸主机及被控制和被入侵的主机，及时采取相应的防护措施，避免恶意攻击对主机造成破坏。业务系统动态防护的保护对象为受到影响的业务，例如，Web应用、数据库等。

③ 告警和恶意文件管理控制

参照防护规则，统计告警事件的基本信息，包括事件所对应的规则编号、事件的级别和攻击次数，以及对事件的详细描述。此外，还需要统计与告警有关的信息，包括级别、类型、内容和最近发生的时间等。

（2）态势理解加强网络安全保障

基于自适应安全防御机制，对攻击进行全面分析，包括攻击所遵循的模式、攻击所采用的手段和攻击所针对的目标，实时掌握安全状态的变化。发挥自适应安全架构和云工作负载保护平台的作用，按照"管控中心+Agent探针"的模式进行安全部署，有效应对智慧政务云平台上租户所面临的安全威胁，保障其主机应用和数据的安全。

此外，要将自适应安全防御软件与安全服务融合在一起，在面对新型病毒和高级攻击时做出更加有效的防范，形成全栈保护能力，加大安全巡检的力度。自适应安全防御机制包括以下3项功能。

① 风险发现功能

对漏洞进行检测，这些漏洞可能存在于系统、中间件和数据库等。此外，也会实时检测容易引发风险的弱口令。

② 威胁监测功能

监测正在进行的暴力破解攻击，并采用自动封停的方式实施防御。主机可能存在病毒和WebShell（命令执行环境），具有一定的安全隐患，要对此进行隔离清除。

③ 基线检查功能

在网络安全防护的检查方面，形成确定的规则和等保基线，提高检查的准确性。

（3）态势预测建立自适应安全防御

针对智慧政务云平台中包含关键信息的重点网站，要实施24小时远程监控，检测Web应用系统可能存在的安全问题，发现首页被篡改、暗链等异常操作时应立刻使用电话、邮件等方式发出预警通知。预警通知要遵循一定的格式，需要拟定一个标题，写明出现安全事件的网站名称及统一资源定位符，标注安全事件的类型和发生时间，并对事件进行一定的描述。

为了及时发现系统中存在的安全隐患，需要进行各种日常测试，例如，采用攻击技术攻击互联网系统和内网系统进行防护测试。另外，测试还包括授权测试、业务逻辑测试和客户端测试等。

第 18 章

智慧能源：
能源大数据的应用实践

01　能源大数据技术的特征与架构

随着新一代信息技术与能源领域融合，"互联网+"智慧能源模式诞生，重塑全球能源格局，有效缓解了全球能源问题。

能源大数据技术是大数据技术与能源领域融合的产物，也是推动能源领域智慧化发展的关键技术之一。大数据技术综合运用传感技术、信息通信技术、计算机技术、数据分析技术，对海量数据资源进行价值挖掘、计算、处理、分析等，能够实现精准、快速的数据分析，可以有效弥补传统数据分析技术的缺陷。

能源领域的大数据包括煤炭、石油、天然气、电能、热能等多种能源的生产、运输、存储、应用、交易等全生命周期的数据，这些数据为能源大数据技术的进步和应用提供了坚实的基础。

（1）能源大数据的主要特征

对于能源大数据的主要特征，我们以用电大数据为例来进行具体分析和阐述。用电大数据主要来源形式见表18-1。

表 18-1　用电大数据主要来源形式

数据来源	数据量级	平均采集成本	覆盖程度	数据时空颗粒度	直接用途	共享程度
企业能源报表	kB	无直接成本	规模较大企业	以企业为单位的月度或年度统计	政府统计	宏观信息公开

续表

数据来源	数据量级	平均采集成本	覆盖程度	数据时空颗粒度	直接用途	共享程度
电能计量	TB	0.2 万～0.5 万元/数据源点	全范围覆盖	时间：月度 空间：专用或公用变压器	供电公司计费	保密不公开
负荷控制系统	PB	＞1 万元/数据源点	专用或公用变压器；发达地区基本全覆盖；其他地区程度不同	时间：15min 空间：专用或公用变压器	供电公司大负荷管控	保密不公开
运维监控系统、能效管理系统、售电服务系统	EB	0.2 万～0.5 万元/数据源点	覆盖低，由第三方运营维护、能源服务（售电）公司或企业自主安装	时间：1～5min 空间：分支线路、生产线、工艺流程，程度不一	企业级电气设备运营维护、能效管理、售电服务	数据分散在企业或第三方能源服务公司，集中度较低

① 具备多源异构特征

大数据技术能够从多个数据源采集数据，并且在不同数据源内采集的数据在结构、维度、覆盖范围方面都有所差异。因此，能源大数据具备多源异构特征，可以弥补传统能源数据结构化采集的缺陷，为能源数据分析工作提供更加多样化的数据。例如，用电大数据通常包含企业能源报表的数据、电能表计的数据、各类系统的监控数据和运维数据等。

② 规模大、时效性极强

大数据技术可以应用于能源产业链的所有环节，因此，其可以全面地采集各环节的运行数据和状态数据，能源大数据的量级可达到EB级。同时，5G时代下的大数据技术能够实现能源大数据的实时采集，数据时效性极强。

③ 应用场景十分广泛

在传统能源行业中，传统的数据采集和分析技术只能浅显地分析能源数据，且数据只能应用于统计分析和周期报表制作中，无法充分发挥能源数据的价值，数据资源浪费严重。能源大数据技术可以进一步分析海量能源数据，深入挖掘能源数据的价值，从而挖掘客户侧的能源使用特征和需求，同时可以精准预测分析源—荷特性，还可以优化能源市场机制，实现高效的能源交易等，其应用场景极其广泛，可以为能源行业乃至为整个社会创造更多的价值。

（2）能源大数据的基本架构

大数据技术与传统的能源技术相融合，并结合"互联网＋"的思维逻辑催生出了能源大数据技术。能源大数据技术能够变革传统能源产业链的各个环节，包括能源生产、运输、存储、使用、交易等，推动能源与信息高度融合，从而优化传统能源体系，打造互联互通、互惠共享的新型能源体系。

能源大数据的基本架构包括物理层、数据层、平台层和应用层4个部分，如图18-1所示。

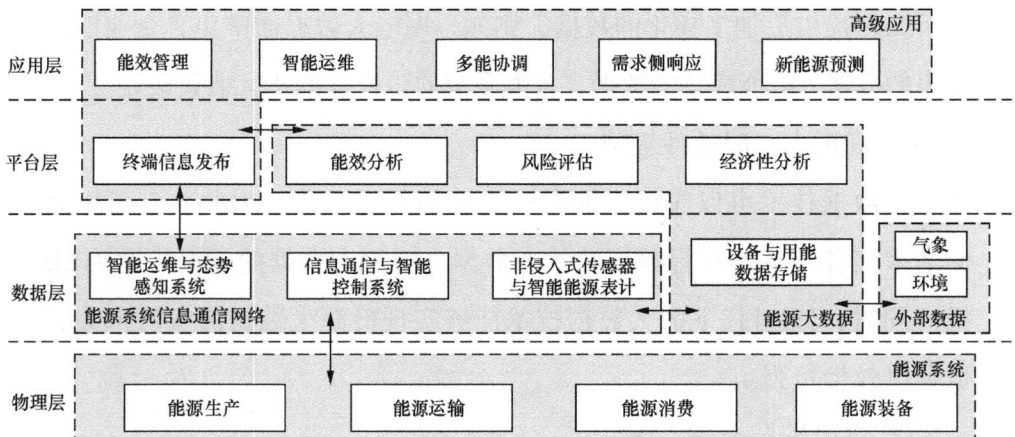

图18-1　能源大数据的基本架构

① 物理层

物理层包含能源的生产、运输、消费等产业链的所有环节，还包括各环节运行所依赖的能源装备。能源装备上会部署智能传感器和能源表计等设备，这些设备是数据层的一部分，可以实时捕捉能源系统的运行信息和设备的状态信息。物理层和数据层共同组成能源大数据系统架构的基础部分，为平台层提供数据基础。

② 数据层

数据层包括智能运维与态势感知系统、信息通信与智能控制系统。前者负责设备状态监测、故障预警和定位等，后者用于支持能源系统各环节和设备间的通信与控制。数据层还包括物理层的运行和状态数据、数据层系统的运行数据，以及外部的气象环境等数据，这些海量数据共同组成了能源专用大数据库。

③ 平台层

平台层运用大数据、云计算、边缘计算等技术，对能源系统进行分析，实现能效分析、风险评估、经济性分析等多种功能。

④ 应用层

能源大数据技术的应用可以变革能源产业链中各环节的运行模式，提升其运行效率和智能化水平。在能源生产方面，可以通过数据分析精准预测能源的发电功率，并根据不同能源的供能情况进行优化配置；在能源传输方面，可以对能源网络进行智能化运维，同时，能够对能源系统的运行状态进行实时、动态监控，精准定位故障位置；在能源消费方面，可以帮助客户实现精准的能效分析，同时，根据客户需求不断提升能效。

02 能源大数据技术的应用领域

大数据技术与能源领域深度融合，可以变革传统能源行业各环节的运行模式，最终实现能源行业的智能化发展。

在当前万物互联的时代，能源大数据技术的应用一方面可以极大地拓展能源数据资源，为能源行业的发展带来新的驱动力，同时，可以打造能源行业发展新业态，为能源行业带来新的经济增长点；另一方面可以实现能源信息资源的开放共享，为能源行业与其他相关领域的发展提供坚实的数据基础，从而实现能源行业与其他行业的融合发展。

在当前全球开展能源转型的背景下，能源大数据技术的应用前景十分广阔，具体来看，其应用领域主要体现在以下4个方面。

（1）能源规划与能源政策制定领域

① 能源规划

政府可以利用大数据技术全面采集区域内客户的能源使用数据，包括居民和企业的用电、供热、供冷、天然气等数据，并对这些数据进行精准分析，以掌握不同客户的用能行为和需求，从而根据这些信息制定科学的能源网络与能源站布局规划。

此外，政府也可以通过对区域内的用能数据、气象数据和地理信息进行融合分析，掌握区域内的基本能源结构，了解区域内的能源资源禀赋，并做好下一步的能源开发和利用规划。

② 能源政策制定

政府通过对区域内客户能源使用数据的分析，能够了解客户特别是企业使用能源的效率和特点，准确洞察企业在能源使用过程中出现的问题，并深入挖掘问题出现的原因，从而优化对企业的能源供应政策和能源使用规范，提升能源使用效率。

此外，政府还可以通过对能源大数据的分析，掌握能源资源信息和用能负荷信息，并依据这些信息制定环保型汽车的补贴政策、电价激励政策、智慧城市发展策略等，全面提升能效，实现经济绿色发展。

（2）能源生产领域

在能源生产领域，大数据技术主要应用于可再生能源的研究，如风能、太阳能等。可再生能源具备随机性和间歇性的特点，因此，可再生能源的存储和灵活配置非常重要。大数据技术可以通过数据分析精准预测可再生能源的发电功率，从而合理规划能源配置，并合理安排能源的运行方式，以最大程度地实现电能的稳定供应。

同时，大数据技术还可以分析可再生能源的消纳能力，为提升能源消纳能力提供依据，以尽可能地减少弃光弃风现象。此外，大数据技术应用于可再生能源领域，可以结合互联网实现各类可再生能源发电功率预测数据的开放共享，从而为可再生能源发电提供高质量的预测服务。

目前，国内外很多能源企业已经将大数据技术应用于可再生能源发电领域。在国内，远景能源科技有限公司融合应用大数据、物联网、机器学习等技术，创建了国内领先的 EnOSTM（智能物联操作系统）平台，这一平台可以实现 TB 量级数据的处理。该公司依托这一平台，可以精准预测和控制可再生能源的发电功率，为实现风电、光伏的智慧化生产提供支撑。

在国外，一些学者借助大数据技术对某些区域内的气象数据、地理信息等进行综合分析，掌握相应的风能情况，从而实现科学的风场选址，同时通过数据分析优化设备运行模式，能够提升设备运行效率，延长设备使用寿命。

（3）能源消费领域

在能源消费领域，随着能源转型战略的持续深化，可再生能源的消费比例不断提升，微电网系统也日渐完善，能源客户正逐渐从传统的消费者角色转变为产销者角色。大数据技术应用于能源消费领域，可以对灵活负荷设备（如电动汽车等）的能耗数据及电力市场互动交易信息进行分析，实现对可再生能源发电资源的合理配置，同时，可实现电力市场交易利润最大化。目前，国内外已针对大数据技术在这一领域的应用展开了探索。

2015年，我国正式启动"全国智慧能源公共服务云平台"，主要用于能源数据的收集和分析。依托这一平台，能源行业可以对各类能源设备进行实时管理，同时可以开发新的销售模式，并通过数据分析来获取高性价比的产品和解决方案，在能源使用方面实现降本增效。此外，这一平台还可以通过互联网实现能源数据的开放共享，便于政府进行科学的监管和调控。

在国外，美国C3Energy和Opower两大公司开展合作，创建了分析引擎平台和用能服务平台。这两大平台可以利用大数据技术对客户的用能数据进行实时分析，从而精准掌握客户的用能需求，为政府制定合理的供能方案提供依据。德国E-Energy（数字化能源）项目将大数据技术应用于预测可再生能源的产能情况、研发能源服务商业模式、能源交易等领域。

（4）智慧能源新业态

大数据技术与能源领域的深度融合，可以在能源网络监控运维、能源市场化交易等领域实现良好的应用，并可以在这些领域催生出智慧能源服务新业态。

① 能源网络监控运维

目前，大数据技术结合态势感知技术，已经应用于智能电网输配电站的故障预警和定位、振荡检测等方面，实现了能源系统的实时在线运维。

在可再生能源方面，输配电站设施的分布较为零散，且设备规模大、硬件繁杂。因此，其运维管理较为困难。大数据技术可以提供有效的解决方案，在可再生能源电站设施部署各类智能传感器，这些传感器可以实时捕捉海量设备运行的状态数据，并将其回传至数据分析中心，大数据技术通过对这些数据的分析处理可以精确掌握设备磨损情况，准确预测和定位设备故障，从而实现可再生能源电站设施的高效运维。

随着大数据技术与能源系统的进一步融合，未来能源设备规模将不断扩大，能源网络复杂程度将持续提升，售电主体将不断增多，能源运营区域和电力资产将日渐呈现分散性的特点。而这一背景下，传统集中式的运维模式将不再适用。大数据技术可以带来良好的解决方案，大数据技术可以通过数据分析掌握区域内的运维需求，合理分配区域内的运营维护商，实现能源系统的分布式运维。

② 能源市场化交易

大数据技术与能源领域融合，可以为能源的生产、传输、消费等产业链各环节赋能，从而建设并完善能源交易市场。一方面，大数据技术的应用可以促进能源大数据的开放共享，能源交易主体可以基于海量数据进行灵活的自主交易，透明的交易数据可以直接反映能源供求关系，从而推动能源资源的合理配置，并形成公平、公开、共享的能源交易市场；另一方面，大数据技术通过对能源需求和供给数据的进一步分析，合理分配相关的高效能源技术，从而催生更多能源交易新模式，为能源市场创造更多价值。

目前，大数据技术在能源市场化交易领域的应用尚处于探索阶段，不过，一些发达国家已经建立了能源交易市场的试点，例如，英国国家电网在美国纽约一所高校设立了微型光伏售电交易市场试点，利用大数据技术分析这一区域客户的用能数据，以期实现光伏、储能与客户负荷的精准匹配，同时通过数据分析来实现对发电资源的精准定价。

03　我国能源大数据的发展现状

随着5G网络的逐渐普及，以及传感器、信息传输、数据处理等技术持续进步，数据传输规模和速率、数据分析和处理的效率和质量都实现了进阶式提升，这为我国能源大数据技术的发展和应用提供了绝佳条件。目前，我国的能源大数据技术已在能源生产、传输、消费等环节实现了初步应用。

但是，目前我国在数据资源管理方面还存在基础设施不健全、管理机制不完善、信息安全得不到保障等痛点，阻碍了能源大数据的建设和应用，不利于我国"互联网+"智慧能源的发展。具体来看，当前我国能源大数据的使用主要存在以下3个方面的问题。

（1）能源系统普遍存在"信息孤岛"

目前，我国能源领域的信息较为闭塞，"信息孤岛"现象严重，究其原因主要有以下两个方面。

① 缺乏统一的能源企业管理机制

我国的能源企业分为电气、石油、煤炭、天然气、供热、供冷等多种类型。在企业数字化转型的潮流下，这些企业纷纷将各类新技术应用于企业运行的各个环节，并形成自身独立的数字化管理系统，这些系统的架构、协议、运行机制各不相同。因此，相应的数据也在格式、结构、标准等方面呈现明显的差异，无法实现数据共享利用，从而形成"信息孤岛"。

② 各能源系统独立运行

传统电力系统和其他能源系统之间各自规划、独立运行，不同能源系统之间交互性差，各系统之间信息闭塞，进一步加剧了能源领域"信息孤岛"的形成。

（2）能源大数据基础设施存在短板

能源大数据架构中的物理层、数据层、平台层和应用层，每层都需要充足的、高精度的基础设施来支撑，而目前我国的能源基础设施尚不健全，主要体现在以下3个方面。

● 物理层和数据层基础设施不完善，无法实现能源行业中海量、多样化数据的全面采集。

● 平台层基础设施不健全，无法实现海量数据的高效存储和快速处理，从而无法发挥数据的深层价值。

● 应用层基础设施缺乏，无法实现数据的应用，从而无法支持"互联网+"智慧能源的建设。

此外，某些能源行业尽管在目前已经可以采集大量能源数据，但数据开发应用意识较差，数据处理和分析工作较为浅显，数据应用领域较为局限，因此未能充分发挥数据的深层价值。例如，供电公司拥有海量、高集中度的用电数据，但数据用途仅局限于供电公司的业务范围，数据浪费现象严重。

（3）能源信息安全性有待加强

能源行业是我国经济发展的重要行业之一，能源信息安全关乎国家的安全稳定。因此，能源大数据建设需要首先注重信息安全问题。能源大数据技术的应用以海量能源数据、客户数据等为基础，这些数据的采集、分析和应用需要通过开放互联的网络和设备来实现，一旦数据泄露，会给能源大数据技术的应用、对能源行业的发展乃至给国家安全稳定带来负面影响。

因此，我国应完善网络安全制度，提升设备性能，保障能源大数据的安全共享，从而加快国内"互联网+"智慧能源的建设。

04 能源大数据产业的发展策略

能源大数据技术的核心理念是数据开放共享，该技术具有广阔的发展和应用前景。能源大数据的应用，一方面，可以打破行业壁垒，促进能源信息资源共享，实现不同能源领域的融合发展，催生智慧能源新业态；另一方面，可以优化变革能源体制，帮助政府实现更高效的能源监管，从而更好地实现能源转型，推动经济社会绿色、高效发展。

目前，我国的能源大数据还处于建设阶段，因此，我国要积极借鉴成功经验，采取适当措施，推动国内能源大数据产业高质量发展。

（1）深化能源系统与大数据的融合

能源行业要推动大数据技术与能源系统的深度融合，实现大数据技术在能源基础软硬件、网络通信、数据分析和应用、信息安全管控等方面的深入应用，从而支撑能源系统的智能化升级。

统一数据采集和存储的标准，扩大数据采集范围，丰富数据采集维度，从而扩充能源大数据库，为大数据技术的应用奠定坚实的基础。同时，注重大数据技术与人机交互技术、可视化技术等的融合应用，提升能源数据资源的易用性，使能源大数据的价值得到充分发挥。此外，还要健全能源信息保护制度，确保能源大数据的安全性。

（2）补齐多能源物理互联和信息互联短板

基于能源大数据的基本架构完善基础设施建设。一方面，推动电气、供热、供冷、煤炭、石油、天然气等多能源网络基础设施建设，强化多能源网络供给侧结构性改革，实现能源物理互联，为能源大数据技术的应用提供条件；另一方面，要完善能源大数据基础信息，结合大数据技术实现数据驱动的智能化决策。同时，实现能源生产、传输、消费等环节的智能化、透明化运行，提升可再生能源的消纳能力，最终实现能效的提升。

（3）消除能源行业之间的信息壁垒

进一步变革能源体制，利用物联网技术推动各能源系统之间的互联互通，促进不同能源数据的开放共享，消除"信息孤岛"，形成能源领域广泛共享的能源大数据库，为能源大数据技术的应用提供条件。此外，利用大数据技术对海量信息进行融合分析，掌握客户的用能特性和需求，催生一批能源新业态，反向推动能源生产、能源使用等领域的智能化变革，从而进一步提升能效。

（4）完善能源大数据产业顶层设计

出台能源大数据产业的相关鼓励政策和激励政策，建立健全能源产业市场法律规范体系，同时提供充足的资金，支持和引导能源大数据产业有序发展。能源行业要根据政策和法律法规，结合国际能源大数据产业的优秀发展经验，进行适合自身发展的顶层设计，并推动能源产业基础架构和能源产业链不断优化完善，为能源大数据技术的深入应用提供条件。此外，能源行业要创建不同级别的能源大数据共享平台，并将新一代信息技术与海量能源数据资源相结合，打造新时代的智慧能源新业态。

第 19 章

智慧交通：
5G开启交通运输新变革

01 场景1：5G+智慧港口

5G具有低时延、大带宽、高可靠性等特性，能够高效传输信息数据，充分满足港口在远程操控、高清视频辅助控制等方面对网络的要求。由于港口中的大多数场景难以装配有线网络，因此基于5G技术的智慧港口应用将在港口运营过程中发挥重要作用。具体来说，5G技术在智慧港口中主要有以下6类应用场景。

（1）远程控制

现阶段，我国大多数港口的岸桥和场桥通过人工现场高空作业的方式来完成集装箱装卸工作，对远程控制的需求较大；部分新建港口的场桥使用具有易磨损等缺陷的光纤来实现远程信息传输，但这种方式存在改造成本高和改造难度大等问题；少数信息化港口利用Wi-Fi或非授权频谱进行远程通信，但Wi-Fi和非授权频谱的时延、速率和可靠性等性能往往无法充分满足港口对于远程控制的要求。

港口装卸遥控是5G在智慧港口中的主要应用场景。由于5G具有高速率、低时延、广连接等特性，基于5G网络的港口装卸遥控能够高效传输高清晰度的影像信息，并对码头桥梁、现场桥梁进行精准、高效的远程控制。

（2）智能理货

与传统的人工理货相比，基于5G技术的智能理货可以通过码头桥梁上的高清晰度球机来采集信息，并利用5G网络实时传输球机采集的高清影像信息，从而有效避免人工采集和对讲机传输所产生的信息误差，在复杂的作业环境中充分确保信息准确、传输高效、人员安全。不仅如此，基于5G的智能理货还可以利用人工智能技术和可视化技术实现集装箱位置识别、集装箱损坏识别、集装箱编号自动识别等功能。

（3）无人运输系统

传统的港口运输存在运输效率低、运输成本高、运输安全性难以保障、对人力的依赖性强等不足。部分自动化港口利用地磁固定线路进行货物搬运，并利用远程网络进行数据传输的运输方式，也存在铺设地磁成本高昂、远程网络性能较差等问题，难以充分满足港口的运输需求。基于5G的自动驾驶运输系统可以融合车路协调技术和高精度定位技术，实时传输港口运输相关的各项信息数据，进而实现运输车辆自动驾驶，让运输车辆在没有驾驶员的情况下也能高效完成货物运输工作。

（4）智能调度与配送

5G可以凭借自身低时延和广连接的优势，提高港口在集装箱调度和货物配送等方面的智能化和自动化程度。例如，上海京东物流有限公司和山东博昌仓储物流有限公司均已将物联网、人工智能、自动驾驶等多种先进技术和产品应用到物流领域中，并建成5G智能物流示范园区，打造高度自动化、智能化的综合物流系统。

在基于5G的智能物流园区中，自动驾驶运输车辆可以通过计算自动完成停车和泊车，港口也可以通过5G网络园区防空联动系统对园区内的车辆、设备、人员等进行实时监控、管理和调度，以便及时发现并处理园区中出现的各类问题。

除此之外，5G技术还能够帮助港口实现云存储，具体来说，就是港口可以利用人工智能来对仓储货物进行自动识别，对运输车辆进行自动调度，对货物运输路线进行合理规划，对货物运输过程进行全面跟踪和监控，以及对货物运输信息进行记录和存储。

（5）无人机巡检

传统的人工检测存在效率低、人工成本高、监测范围小等不足之处，难以满足港口业务在效率、成本等方面的要求。5G网络能实时传输高清晰度的监测视频画面，因此，利用5G无人机来完成港口各项业务的巡检工作能够大幅提高巡检效率，并减少在人力方面的成本支出，从而帮助港口解决巡检效率低、成本高等问题。

5G技术与无人机的融合应用革新了智慧港口的智慧系统和管理模式。人工智能技术在无人机中的应用不仅大幅提高了无人机的性能，而且为港口节省了大量劳动力成本和生产运输成本。除了港口巡检，5G无人机还能应用于高空作业、港口环境巡视、危险物品存储管理等多个方面，帮助港口进一步扩大检查范围，提高检查质量，同时也能降低人工作业的风险。

不仅如此，装配了激光雷达和高清变焦摄像机的无人机还能采集高画质的影像信息，并利用5G网络将采集到的影像信息精准高效地传输至服务器，以便客户在线或下载观看视频监控。同时，无人机也可以利用云技术存储大量视频信息，并滚动删除原有信息，充分确保信息的有效性。总而言之，基于5G的无人机不仅能同时运行多个监控设备，还能充分确保监控质量、视频清晰度，以及信息传输的准确性。

（6）船舶调度

由于各个港口的水文地貌各不相同，船舶驾驶员难以全面掌握所有港口的水文地貌信息，因此为了确保船舶的安全，引航员要在船舶进港的过程中对船舶的航行进行引导。一般来说，引航员会在船舶距离港口30～40海里（1海里=1.85千米）的位置登船，并通过语音指引、数据传输和实时通信等方式指导船舶驾驶员将船舶安全驶入港口，但这种方式成本较高。

随着5G在智慧港口的应用逐渐深入，船舶驾驶员可以借助5G网络获取实时水文检测信息等相关数据，并与港口人员进行视频交流，以便实现安全入港。此外，无人机引航也是一种能够确保船舶安全入港的船舶调度方式，且这种方式具有精准高效的优势，未来可能会成为智慧港口船舶调度的主要方式之一。

02　场景2：5G+智慧航运

（1）5G+船舶局域网

5G既可以凭借自身低时延、高速率的优势提高船舶内部通信、船舶与船舶通信、船舶与岸通信，以及船舶与航标通信的高效性和流畅性，也可以利用自身广连接的特性接入大量传感器设备和岸基设施，进而扩大数据采集范围，实现设备、货物、人员、管线、设施之间的泛在互联，并为航运领域构建起一个基于5G网络的物联网。

随着5G技术在航运领域应用的日益深入，未来的船舶可能会装配5G空中基站、船舶局域网、卫星通信系统等多种先进的设备和系统，并借助网络的力量，高效完成数据传输工作，不仅如此，网络部署的成本和复杂度也将大幅降低。

（2）5G+北斗综合通信

基于相互融合的5G网络与北斗卫星通信系统的船联网应用技术，能够支持自身负责海域的船舶及相邻海域的船舶进行实时的位置定位和信息通信。当船舶遇到危险时，该系统能够向船舶实时传输气候信息、港口信息、危险预警信息等，并根据实际情况指挥救援。与此同时，5G网络与北斗卫星通信系统的融合还能够为航运企业提供海、陆、空、天一体化的信息网络，进而在网络层面为航运业务的发展和通信水平的提高提供支持。

（3）5G+船舶自动驾驶

车辆可以借助蜂窝车联网技术（C-V2X）实现自动驾驶，但与车辆自动驾驶相比，船舶自动驾驶的实现难度更高。船舶的运输场景主要包括内河运输、近海运输和远海运输。

在内河运输和近海运输的场景中，船舶可以利用互相融合的5G和C-V2X，以及两岸的移动通信基站，实现与航道、人员、货物、其他船舶之间的实时信息交互，通过充分掌握船舶运行状态、周边环境、货物情况等信息，确保船舶航行的高效性、智慧性和安全性。

在远海运输场景中，船舶可以以相互融合的5G技术和北斗卫星通信系统作为基础的C-V2X来实现高清监控视频的实时传输，船舶控制人员也可以利用船舶的远程控制功能对船舶进行操控，并利用智能化手段开启船舶的自动驾驶功能，从而让船舶在远海运输过程中实现高效运行。

（4）5G+航运安全监控

从货物安全上来看，5G技术与视频监控等设备的融合应用能够为货物安全提供保障：一方面，货主可以通过手机等终端设备实时获取视频监控和传感器设备采集到的货物相关信息，进而达到远程掌握货物状态的目的；另一方面，5G无人机和AR/VR眼镜等设备在航运领域的应用能够有效提高远程实时监控的灵活性，从而充分确保货物安全。

从航道安全上来看，5G无人机与AR/VR技术的融合应用能够高效采集违规行为和事故现场的视频信息，同时，将这些信息实时回传至指挥中心，并进行现场勘查，达到优化航道交通管理的目的。5G能够为视频信息的实时传输提供网络层面的支撑，进而确保视频画面的高分辨率、视频传输的稳定性，以及视频播放的流畅性。

03　场景3：5G+智慧码头

传统码头存在作业效率低等诸多问题，难以实现高速、高质量发展。如果要推动码头高质量高速发展，就必须积极推进码头与5G、大数据、物联网、人工智能等数字技术的融合，驱动码头数字化转型，提高港口的自动化和智慧化程度，解决码头中普遍存在的人力成本高、劳动强度大、人力资源不足、生产率低等难题，增强码头的竞争力。

对于码头来说，提高作业效率是减少成本支出和稳定客源的有效方式。从减少成本支出方面来看，大型船舶的租金十分昂贵，所以在无法确保高效作业的情况下，码头损失的成本可能高达数万元；从稳定客源方面来看，高效作业能够节省货物装卸时间，提高货物转运效率，避免出现"货物压港"的情况，从而帮助货主和码头减少损失。因此，作业效率高的码头往往是货主在运输货物时的首选。

货物转运效率的高低直接影响着码头的进出货数量和运营收益，具体来说，码头可以通过将5G技术应用到集装箱堆场和桥吊作业区域的各个业务场景中，提高对垂直运输工具的远程控制能力，并驱动运输工具实现自动驾驶，进一步推动码头的自动化运行，进而达到提高码头货物转运量的目的，从而获取更高的收益。

现阶段，智慧码头在自动化运行的过程中通常使用光缆、电缆、波导管、Wi-Fi等非蜂窝技术进行信息通信，但这些技术无法充分确保信息通信的安全性，也难以在技术水平、通信成本、设备维护等方面为码头的信息通信提供充分的保障。

● 从技术水平上来看，光缆通信、电缆通信和波导管通信在整体系统设计环节不得不做出延长相关安全距离或降低设备运行速度等系统级让步，难以在技术上确保信息通信的效率；Wi-Fi通信存在网络覆盖范围小、抗干扰性差、稳定性能低等缺陷，无法充分满足智慧码头在网络覆盖范围、客户端连接数量等方面的要求。

● 从通信成本上来看，由于当前的无线技术和电缆盘卷设备价格昂贵，传统集装箱码头通常利用非蜂窝技术进行信息通信的方式来推进自动化转型，这种方式需要大量成本支出，除此之外，在建成无线通信基站等基础设施并配备光缆等相关通信设备后，码头还需要在通信设备和基础设施的维护方面花费大量资金。

● 从设备维护上来看，大多数传统集装箱码头缺乏通信基础设施建设的能力，难以自主完成对码头信息通信设备的维护工作，在通信基础设施建设环节需要借助专业的网络和通信职能部门的力量来铺设光缆和搭建无线通信基站。

5G能够凭借自身低时延、高速率、广连接的优势为远程控制设备的网络连接提供支撑，进而为智慧码头的建设提供驱动力。

（1）龙门吊远程控制

龙门吊也叫门式起重机，是集装箱码头进行集装箱搬运的重要设备，通常可分为轮胎式起重机和轨道式起重机等类型。其中，轮胎式起重机装有轮胎，在搬运货物方面具有机动性强、灵活性高等优点，主要被应用在存量码头中；轨道式起重机能够在堆场内部铺设的轨道上移动，大多被应用在新建码头中。

传统的龙门吊对人力的依赖性较强，需要司机进入高达30米的司机室进行现场操作，难以充分保障司机的人身安全。不仅如此，为了提高货物的转运量，码头需要司机以"三班倒"的方式工作，以确保龙门吊能够全天不间断作业，因此，码头通常需要招聘大量龙门吊司机。由此可见，码头亟须通过对龙门吊的远程控制改造来确保作业安全，降低对人力的需求。具体来说，在码头对龙门吊进行改造后，龙门吊司机就可以在中控室通过龙门吊上装配的摄像头和PLC对3～6个龙门吊的作业情况进行实时监控，并远程控制龙门吊对集装箱进行抓举和移动。码头对龙门吊的远程控制改造不仅能够大幅提高搬运集装箱的效率，还能为龙门吊司机提供更加舒适的工作环境，充分保障龙门吊司机作业时的人身安全。

由于每台实现远程控制的龙门吊都会向中控室传输5～16路分辨率

为1080P的监控视频，且视频传输的时延需要控制在30ms以下，因此存在带宽小、性能差、损耗大、建设成本高、转场操作复杂等缺点，Wi-Fi通信并不能完全达到龙门吊远程控制对通信网络的要求。

5G具有低时延、大带宽等特性，能够在确保视频清晰度的基础上快速将各路监控视频传输至中控室，并借助PLC提高信息通信的可靠性。不仅如此，基于5G的龙门吊远程控制还具有建设难度小、改造成本低等优势，能够减少码头网络通信设施建设成本。

（2）桥吊远程控制

桥吊是码头完成装卸作业的重要设备，桥吊的作业能力能够直接反映出码头的货物吞吐能力，而桥吊装卸作业区域的无线网络覆盖程度影响着桥吊的作业能力。具体来说，桥吊的远程控制和监控都是网络通信技术在智慧码头中的主要应用场景。与龙门吊相比，桥吊的远程控制需要更多数量的摄像头、更大的上行带宽和更密集的设备部署，一般来说，每千米港口海岸线会部署8～12台桥吊。不仅如此，桥吊还具有远高于轮胎式起重机的垂直移动速度和水平移动速度，因此，桥吊的远程控制也需要更低的网络时延。

大多数集装箱码头的码头布置形式为顺岸式，这种码头布置形式不仅对泊位的水深和岸线长度有着严格的要求，还需要在码头的岸壁装配系缆桩和防碰垫等系船设施。与此同时，码头的无线网络还应覆盖吊桥、停泊船只，以及一些设备终端，充分满足码头的各项设备在生产和监控等方面对网络的需求。

（3）AGV、智能导引运输车（IGV）、无人集卡的远程控制

近年来，码头的自动化程度越来越高，码头的集装箱卡车也开始

逐步升级，AGV正在向IGV转型升级。随着科技的不断进步，未来，自动驾驶集装箱卡车还将具备远程控制功能，车辆控制人员可以在控制室中通过摄像头来获取周边环境、车辆运行状态等信息，并根据这些信息对自动驾驶集装箱卡车进行远程操控。

一般来说，AGV和IGV如果要实现远程控制功能，那么就必须满足以下两项要求：一方面，车辆中装配的摄像头不能低于4路；另一方面，无线网络的上行带宽达到每台10～20Mbit/s。5G具有较高的网络性能，能够精准高效地传输各类数据信息，因此，基于5G的AGV和IGV可以利用5G网络来提高车辆在远程控制过程中的信息传输速率和信息传输准确度。目前，全球单体规模最大的集装箱码头——上海洋山四期集装箱码头，已经将监控摄像头装配到AGV集装箱卡车当中，实现了对故障的远程判断和对车辆的远程控制。

04　场景4：5G+智慧民航

近年来，高铁、动车等轨道交通迅速发展，基于其搭乘便利、站点覆盖密度大、价格便宜等优势，高铁和动车成为大众最为合适的出行工具，这在一定程度上影响了民用航空市场。在这一背景下，航空企业为了保持竞争优势，寻求技术和管理突破，提出了"智能维修"解决方案，在保障安全性的前提下，引入相关智能技术，以降低维修成本，提高维修效率。而人工智能、5G、大数据、云计算等技术的发展，可以为民用航空维修降本增效提供关键的技术支撑。

（1）维修人工替代方面

在传统的飞机维修作业中，由于维修工作复杂而繁重，其对人工的依赖性较高，不仅维修成本高，效率难以有效提升，而且人工操作存在容易出现失误的风险。而随着电子、通信、机械等领域的技术进步，人工智能、物联网、AR、知识图谱和自动化执行等多种先进技术可以赋能智能维修机器人的研发，使其具备飞机故障感知、路径自主规划、可视化维修方案模型构建等功能，以替代人工完成部分甚至全部维修工作，为企业带来更高的效益。

一般来说，飞机每次在航前、过站和航后，机务人员都要对飞机进行不同程序的检查和维护；同时，随着运行时长和里程数的积累，也要定期进行更为细致的检修保养工作。集成了智能感知、智能图像识别等数字技术的机器人可以代替人工，开展全面、细致的检查工作，尤其能兼顾油气泄漏、货舱腐蚀、零部件细微破损等人工不易发现的问题。例如，利用小型无人机携带集成智能图像识别模块的摄像机，按预订路线巡视，避免了架设云梯进行人工检查的麻烦，大幅提高了检查效率。

（2）维修过程管理方面

飞机维修是一项复杂的系统工程，随着飞机制造能力的提升，对维修的技术要求也越来越高。实际维修作业过程中存在诸多问题，例如，飞机的工作环境特殊、操作空间狭小、结构复杂，且涉及诸多精密部件等；国外原厂委托制造（OEM）厂商实施的产品封锁和技术限制策略，也对传统的维修工作造成阻碍。因此，引进新技术、优化现有维修管理模式，是促进维修作业智能化、数字化升级的必然要求。

当前，依托于人工智能算法、5G大带宽通信、可视化虚拟模型等技术，AR/VR能够高效赋能飞机的维修作业与管理。"5G+AR/VR"

使虚拟操作影像与现实检修场景融合交互，促进了维修作业全流程效率的提升。其具体应用主要包括以下 4 个方面。

在飞机的结构和零部件管理方面，可以利用高精度的三维激光扫描仪对飞机进行检查，目前，主要使用 Creaform 公司研发的 HandySCAN 3D（3D 手持扫描）。通过扫描，可以快速、准确地生成相关部件、组件及其周围环境的 3D 模型，并且为损伤评估维护、维修、运行服务，OEM 部件替换提供需求数据，从而完善飞机结构数据信息管理方法。

在确定维修方案、维修工艺和具体实施流程方面，基于与国外 OEM 厂商的交互通道和虚拟模型，可以为检修人员提供场景化工作指引。OEM 厂商基于获取到的相关设备或环境信息，给出合理的维修方案，现场技术人员在 AR 虚拟场景中进行模拟、测试、反馈、调整，最终促使问题解决。

良好的维修航材和工具管理机制有助于提高检修效率。在飞机维修时，工作人员往往要面对大量的零部件，运用多种不同的工具，并在有限的时间内完成检修工作。智能化拧紧工具内置霍氏传感器，能够精准控制扭矩，自动完成螺栓安装，从而提高检修效率。

在对检修技术人员的培训管理方面，可以借助 AR/VR 技术，使维修培训人员在高度仿真的维修场景中接受学习和训练，并通过多种情况的模拟，加强对各种维修情况的应对能力，促进经验积累，在短时间内大幅提高培训人员的维修水平。同时，还大幅降低了培训成本。另外，可以建立针对人员在模拟场景中训练情况的评价机制，筛选合适的人才。

（3）故障诊断和预测维修方面

数字化、智能化的故障诊断和预测维修主要包含两种不同的检修方案：一是利用各类传感器对飞机结构、设备运行状态等进行检测，将检测数据与标准数值进行对比，直接判断相关系统、组件、零件的状态；二是将大量传感数据汇总到数据处理中心，依据相应的算法进行分析、整合，建立可视化的检修模型，根据优化需求制定检修方案，从而实现预测性维修。

目前，数字技术在飞机维修领域的应用才刚刚起步，在对设备与结构的感知、故障异常的识别分析等方面的技术还不够成熟，例如，感知精度不够、缺少工程化认证、容易获取过多冗余数据，不能真正有效利用，无法为技术人员提供完整可行的检修方案，难以真正达到预测性维修的目的。

另外，传感器对飞机结构与运行是否会造成影响，也是一个亟待研究的课题。但随着人工智能、物联网、云计算等技术在飞机维修领域的应用，依托于数字技术的飞机维修技术将更为成熟，有望真正实现智能化、数字化的故障诊断和预测维修。

第 20 章

数字贸易：
探索外贸新业态、新模式

01 数字技术驱动的新型易货贸易

数字技术的迅速发展推动全球范围内贸易方式的转变，数字贸易逐渐成为贸易发展的新趋势。建设贸易强国，可发挥易货贸易的数字赋能作用，这顺应了数字技术的发展潮流，也体现了新质生产力的发展要求。

（1）易货贸易的起源与发展

易货贸易是指在贸易过程中通过以货换货的方式进行结算，易货贸易这一称谓是相对国与国之间的贸易而言的，其全称为"跨境易货贸易"，而一国国内使用相同结算方式进行的贸易一般有另一个称谓，即"物物交换"。

传统易货贸易具备简单而直接的特点，但其弊端也是不容忽视的，例如，贸易的时间和空间条件可能不对称。另外，由于传统易货贸易具有"点对点"的性质，所以交易双方需求的匹配也是一个难题。因此，货币经济出现后，传统易货贸易便逐渐淡出了历史舞台。

20世纪80年代，有别于传统易货贸易的现代易货贸易在美国、加拿大、澳大利亚等国家出现，这些国家试图通过易货贸易取得多种成效，包括降低对现金的依赖、提升销售量、减少库存、拓展新市场等。传统易货贸易遵循"点对点"模式，需要由一位易货经纪人来促成交易，而在电子商务的推动下，传统易货贸易完成向现代易货易的转变。现代易货贸易具备多边化和网络化的特质，采用"电商+易货"这一种全新的交易模式，又被行业内称为电子易货。现代易货贸易包含商品集市、易货银行、交易场等多项业务，可以发挥多种功能。

（2）现代易货贸易的主要模式

根据贸易主体的不同，现代易货贸易会采取不同的模式，主要有面向中小企业和专业人员的零售易货和面向大型企业的公司易货这两种。

① 面向中小企业和专业人员的零售易货

在现代易货贸易中，零售易货这种交易方式是最活跃的。中小企业这类主体进行交易的次数比较多，但每笔交易的数额都较小。在易货过程中，当一家公司将自己的产品或服务交易出去时，将得到易货货币或易货额度，凭借此物可从其他公司购买产品和服务。这样一来，买卖就不再是两家公司互换产品和服务，由于易货货币或易货额度的存在，公司之间可进行产品和服务的买卖。

易货货币有助于中小企业发展客户及开拓市场。中小企业通过使用易货货币，可以不必支付现金，还能够以更低的成本购买到所需的产品和服务。在易货贸易中，易货贸易公司处于第三方位置，扮演记账员的角色，履行监管交易的职责。易货贸易公司的易货交易经纪人是买卖双方的商务顾问，负责推动买卖双方达成交易。

② 面向大型企业的公司易货

大型企业的交易金额较高，通常情况下，有一定数量的剩余库存，同时具备一定的生产能力，可采用易货的方式得到自己需要的产品。在公司易货中，有的易货公司存在购买需求，有的易货公司存在出售需求，存在购买需求的公司使用被称作易货额度的货币购买所需的产品或服务。

公司易货中使用的易货额度是一种特殊的货币形式，只在易货公司圈内流通。举例来说，当一家企业出现库存过剩的情况时，会考虑将过剩的库存出售，这时易货贸易公司可使用易货额度购买这家企业多余的库存，而后企业可以使用易货额度从易货贸易公司处购买其需要的产品和服务，额度在此便得到兑现。

美国是易货行业较为成熟的国家，在美国从事易货的公司数量达到47万家，每年会产生1.26万亿易货销售额。许多上市公司采用易货的方式出售剩余库存，实现销售额的提升。世界500强企业大多建有企业对企业（B2B）电子商务网站，亲自处理易货交易中的大多数业务，易货公司只负责其业务中较小的一部分。

（3）数字技术赋能新型易货贸易

当前，随着国际分工和世界贸易格局发生变化，从国家和企业层面产生了更多对于易货贸易的需求。数字时代，易货贸易将迎来新的发展机遇。

对我国来说，借助数字技术创新发展易货贸易将在多个方面产生积极影响，例如，帮助我国更好地解决对外开放过程中面临的安全问题，推进人民币国际化等重要战略的实施等。我国应在新一轮经济全球化中履行好自身职责，保障全球范围内的产业链及供应链处于安全稳定的状态，树立起有责任有担当的大国形象。

在数字易货贸易方面，我国拥有的基础条件是比较优秀的，而要想真正把握住这一宝贵的战略机遇，则需要加快数字易货贸易战略的实施，服务于现代易货贸易，构建新生态，设立新标准，组成新联盟，同时实现贸易制度、交易制度、货币制度等多项制度的革新，力争在现代易货贸易中发挥枢纽作用。

02　易货贸易中的信息不对称问题

（1）信息不对称是制约易货贸易的关键因素

20世纪70年代，3位美国经济学家注意到了市场交易中存在的信息不对称问题，并提出了信息不对称理论，他们认为信息不对称会对交易产生重大影响。在进行交易时，掌握更多信息的一方往往处在有利位置，能够获得更多的利益。

此外，信息的获取还会影响交易的达成情况。在信息不畅通或信息不充分的情况下，交易很可能无法顺利达成，这样一来，信息获取情况对交易的其他影响也就无从谈起。

信息渠道和信息量的差异会造成市场失灵，这是有关信息不对称问题的一项重要结论。另外，在关注信息不对称问题时，还需要充分认识到信息获取情况将在很大程度上决定交易是否能够达成，并且这一点在信息获取渠道较为发达的互联网时代仍然成立。

马克思主义政治经济学提出了商品二因素，即使用价值与价值，两者之间呈现对立统一的关系。对于同一主体而言，商品的使用价值与价值是无法兼顾的，只能择其一，这就是两者之间对立性的体现。从商品生产者的角度出发，生产商品是为了获得商品的价值，为此其会将商品的使用价值让渡给购买者。而从购买者的角度出发，购买商品是为了获得商品的使用价值，为此需要向商品生产者支付商品的价值。因此，商品生产者为了获得商品价值，需要一位有意愿和有条件为商品支付价值的购买者；同样地，购买者要想获得商品的使用价值，也要找到一位有让渡商品使用价值的意愿和条件的生产者。在这个过程中，生产者和购买者需要充分了解对方的信息，这是交易能够达成的重要前提。

不过正如前面提到的，信息不对称这一现象是普遍存在的，尤其是在跨国交易中。对于一个国家的生产者，由于国界和距离的阻隔，获取另一个国家的消费需求并不是一件容易的事，同样地，当一个国家的消费者获取另一个国家的商品信息时，也会遇到种种困难。相较于其他形式的贸易，易货贸易会因为信息不对称现象而遇到更多的阻碍，原因在于易货贸易中的交易主体既是供给者也是需求者，他们更难获取到相应的交易信息。

（2）数字技术赋能易货贸易有助于消除信息不对称

数字技术可有效解决信息不对称问题。信息技术和数字技术大幅提升了信息获取的便捷程度，使供给方和需求方能够充分了解有关供给和需求的信息。当然，供给方在获取部分专业性较强的信息时，例如，关于产品的专业说明，会相对于需求方拥有一定的优势。但总体而言，数字赋能仍然在很大程度上消除了信息不对称现象，推动了易货贸易的发展。

随着数字技术的快速发展，信息供给不足的问题得到解决，随之而来的是信息供给过剩的问题。面对海量信息，需要对信息进行甄别，从中找出有价值的、符合自己需要的信息。近年来，互联网技术的高速发展使贸易方得以通过互联网搜索收集海外信息，并由此推进后续的贸易。由此可见，供求信息的获取的确会对贸易的发展起到推动作用，同时还需注意的是，信息的匹配是一个关键步骤，能否在互联网提供的海量信息中找到与交易有关的信息，将决定交易最终能否顺利达成，同时对交易质量产生影响。

在数字赋能的条件下，易货贸易的供给方可以获取海量有关需求的信息，并借助互联网搜索找到租户需要的信息，同时需求方也能够从有关供给的海量信息中搜索到供给信息。这样，运用数字技术提供的海量信息，供给方和需求方可以便捷地完成匹配，有效解决以往因信息缺乏而造成的匹配难的问题。

03　实现易货贸易供需双方有效匹配

（1）供需难匹配是发展易货贸易的重要局限

"市场出清"是现代西方经济学中的重要概念，出清意味着市场供给和需求的均衡。不过，这一概念是基于假设提出的，它假设市场处于完全竞争状态，市场参与者掌握完全信息。反过来说，如果缺少任意一个假设条件，供需均衡的状况都不会出现，这就意味着供需完全匹配只是一种理想状态，大多数情况下不会存在于现实中，在没有货币发挥一般等价物作用时更是如此。

需要承认的是，当货币这一广泛应用的一般等价物出现后，特别是在当现代市场经济条件已经确立的情况下，供需匹配取得了明显的进展，这同时体现了货币在提升商品贸易效率和便捷性方面起到的重要作用。然而在现实中，供需匹配仍非易事，时间和空间上的供需错配情况时有发生。在易货贸易中，实现供需匹配面临着更大的困难。原因在于，易货贸易不使用一般等价物货币，而是用商品进行计价和结算。与货币不同，商品的可接受性不固定，易货贸易的达成需要交易双方都能够接受对方提供的商品，即对方的商品对于自身而言有价值，能够满足自身需求。在这样的条件下，供需匹配的实现难度将显著提升。

在易货贸易中，供给和需求的匹配难度较大，这对易货贸易产生了极大的阻碍。尽管潜在的供给和需求多种多样，并且它们有可能在总量乃至类别上做到匹配，然而受客观条件限制，在实践中，往往无法通过事先安排让相互匹配的供给和需求"相遇"，大多数情况下只能期待两者的"偶遇"。因此，在易货贸易中，供给和需求潜在的一致性很难转化成现实的一致性，"偶遇"发生的概率较低，意味着易货贸易的达成条件比较苛刻。

具体来说，货物提供者所提供货物的对象必须存在对该货物的实际需求，而货物接收者同时也是货物提供者，其收到货物后也必须向前者提供货物以完成交易，其提供的货物也必须是符合前者实际需求的货物。因此，易货贸易要想达成，需要交易双方分别提供对方所需要的货物，这意味着供给和需求之间的精准匹配，而这种情况在现实中发生的概率不高，因此，易货贸易的应用范围一直以来都较为狭窄。

（2）数字技术赋能易货贸易可实现供需有效匹配

数字技术推动着新一轮信息技术革命的出现，这次的技术革命将为供求信息不对称问题提供有效的解决方案，打破时间和空间对供给信息及需求信息的严格限制，使信息的流动变得更加自由和顺畅。在空间之中，信息具备无限广延的特性，当信息实现自由流动后，信息的供给和需求在匹配方面的精准度将显著提升。而在国际贸易领域，对于信息的精准匹配，不同的贸易方式会提出不同的要求。

一件货物或许会拥有多个需求方，不过不是每个需求方都具备完成交易所需的条件。因此，要对供求信息实施过滤，通过信息过滤筛选出的供给方和需求方应满足交易达成所需的基本条件，即双方都能够提供对方所需要的货物。

信息的高精准匹配是达成交易的重要前提。过往受限于技术条件，高精准匹配的实现难度较大，然而，数字技术的出现让高精准匹配成为可能。在数字技术的支持下，货物供给方能够以较高的效率获取充足的货物需求信息，并从众多需求者中筛选出符合条件者。

04　我国数字贸易的探索与对策

数字技术的快速发展掀起了新一轮技术革命的浪潮，世界各国正在加速推进科技革命和产业变革，提高新产业、新模式、新业态的发展速度，并充分发挥数字技术的作用，为易货贸易创新发展提供强有力的支持。我国应把握发展黄金期，明确发展思路，制定行之有效的发展策略，并从以下4个方面入手，落实各项数字贸易相关工作。

（1）尽快启动数字技术赋能易货贸易新战略

我国应顺应全球贸易发展趋势，利用数字技术为易货贸易赋能，助力易货贸易实现数字化转型，提高我国贸易在全球价值链中的地位，同时加深对新一轮贸易规则的了解，抢占在新一轮全球经贸规则制定、调整和完善方面的话语权。

（2）积极探索数字技术赋能易货贸易新制度

数字技术具有较强的渗透性，能够与易货贸易相融合，为易货贸易的创新发展和易货贸易规则制度的更新提供支持。随着新一轮全球经贸规则的逐步完善，我国正试图将数字技术融入贸易活动，并逐步加大了对两者融合相关问题的重视，例如，数字经济贸易协定、跨境电子商务、数据跨境传输等问题。

（3）创新发展数字技术赋能易货贸易新模式

数字技术的应用能够在一定程度上打破传统易货贸易中的各项限制，改变原本的经营模式、组织管理、跨国交易方式、跨国交易流程和跨国交易内容，助力易货贸易实现创新发展。

受信息不对称、供需不匹配等因素的限制，传统的易货贸易大多是买卖双方之间的"点对点"交易；数字技术赋能易货贸易可以支持买卖双方展开具有一定复杂度的"点对面"交易、"面对面"交易和"立体式"交易。随着数字技术在易货贸易中的应用日渐深入，交易模式逐渐从线性升级为交织性网络，买卖双方均可在全球范围内广泛采集和利用各项供求信息，并进行供需匹配。不仅如此，数字技术的应用还有助于整合和利用各项资源，扩大交易规模和交易范围，为易货贸易的发展提供助力。

与此同时，数字技术还能够在一定程度上促进易货贸易与其他贸易模式（如离岸贸易、跨境电子商务和市场采购贸易等）互相融合，并通过不同贸易模式之间的深度融合来推动易货贸易创新发展。

（4）尽快搭建数字技术赋能易货贸易新平台

为了加快推进数字技术赋能易货贸易创新发展，应建设易货贸易创新发展平台和示范区。现阶段，我国部分地区正在推进自由贸易试验区建设工作，并不断在易货贸易方面展开有益尝试。

2020年9月21日，国务院新闻办公室召开"北京、湖南、安徽自由贸易试验区总体方案及浙江自由贸易试验区扩展区域方案发布会"，推进自贸试验区扩容工作。具体来说，中国（湖南）自由贸易试验区搭建新型易货贸易交易平台，并积极探索开展中非易货贸易，建立湖南省对非易货贸易有限公司，加强中非经贸合作，大力推动中非易货贸易发展；中国（安徽）自由贸易试验区积极探索开展易货贸易试点，推动科技创新、产业创新、企业创新、产品创新和市场创新。

除此之外，中国（浙江）自由贸易试验区金义片区还建立了金义综合保税区建设发展有限公司，积极与"一带一路"共建国家建立合作。2022年，该经贸试验区首次完成铝锅与铝锭的易货贸易，并进一步加大对新型易货贸易的探索力度，借助新模式和新业态推动国际贸易快速发展。

除建设易货贸易创新发展示范区和自由贸易试验区外，建立平台型企业也是新平台构建过程中的重要环节。我国可以通过建设数字经济平台型企业来广泛采集和整合全球易货贸易相关信息，也可以在此基础上深入了解易货贸易发展需求，并赋予平台型企业中间人或直接参与方的身份，助力平台型企业参与易货贸易，进一步促进易货贸易的发展。

参考文献

[1] 赵霞，韩一军，姜楠. 农村三产融合：内涵界定、现实意义及驱动因素分析[J]. 农业经济问题，2017，38(4)：49-57.

[2] 赵涛，张智，梁上坤. 数字经济、创业活跃度与高质量发展：来自中国城市的经验证据[J]. 管理世界，2020，36(10)：65-75.

[3] 荆文君，孙宝文. 数字经济促进经济高质量发展：一个理论分析框架[J]. 经济学家，2019(2)：66-73.

[4] 许宪春，张美慧. 中国数字经济规模测算研究：基于国际比较的视角[J]. 中国工业经济，2020(5)：23-41.

[5] 刘军，杨渊鋆，张三峰. 中国数字经济测度与驱动因素研究[J]. 上海经济研究，2020，32(6)：81-96.

[6] 马健. 产业融合理论研究评述[J]. 经济学动态，2002(5)：78-81.

[7] 裴长洪，倪江飞，李越. 数字经济的政治经济学分析[J]. 财贸经济，2018，39(9)：5-22.

[8] 肖旭，戚聿东. 产业数字化转型的价值维度与理论逻辑[J]. 改革，2019(8)：61-70.

[9] 周振华. 产业融合：产业发展及经济增长的新动力[J]. 中国工业经济，2003(4)：46-52.

[10] 苏毅清，游玉婷，王志刚. 农村一二三产业融合发展：理论探讨、现状分析与对策建议[J]. 中国软科学，2016(8)：17-28.

[11] 张雪玲，焦月霞. 中国数字经济发展指数其应用初探[J]. 浙江社会科学，2017(4)：32-40.

[12] 王军，朱杰，罗茜. 中国数字经济发展水平及演变测度[J]. 数量经济技术经济研究，2021，38(7)：26-42.

[13] 杨慧梅，江璐. 数字经济、空间效应与全要素生产率[J]. 统计研究，2021，38(4)：3-15.

[14] 厉无畏，王慧敏. 产业发展的趋势研判与理性思考[J]. 中国工业经济，2002(4)：5-11.

[15] 陈晓红，李杨扬，宋丽洁，等. 数字经济理论体系与研究展望[J]. 管理世界，2022，38(2)：208-224.

[16] 丁志帆. 数字经济驱动经济高质量发展的机制研究：一个理论分析框架[J]. 现代经济探讨，2020(1)：85-92.

[17] 马述忠，房超，梁银锋. 数字贸易及其时代价值与研究展望[J]. 国际贸易问题，2018(10)：16-30.

[18] 赵西三. 数字经济驱动中国制造转型升级研究[J]. 中州学刊，2017(12)：36-41.

[19] 胡汉辉，邢华. 产业融合理论以及对我国发展信息产业的启示[J]. 中国工业经济，2003(2)：23-29.

[20] 吕铁. 传统产业数字化转型的趋向与路径[J]. 人民论坛•学术前沿，2019(18)：13-19.

[21] 康铁祥. 中国数字经济规模测算研究[J]. 当代财经，2008(3)：118-121.

[22] 朱瑞博. "十二五" 时期上海高技术产业发展：创新链与产业链融合战略研究[J]. 上海经济研究，2010，22(7)：94-106.

[23] 焦勇. 数字经济赋能制造业转型：从价值重塑到价值创造[J]. 经济学家，2020(6)：87-94.

[24] 伍朝辉，刘振正，石可，等. 交通场景数字孪生构建与虚实融合应用研究[J]. 系统仿真学报，2021，33(2)：295-305.

[25] 戚聿东，刘翠花，丁述磊. 数字经济发展、就业结构优化与就业质

量提升[J]. 经济学动态, 2020(11): 17-35.

[26] 唐文虎, 陈星宇, 钱瞳, 等. 面向智慧能源系统的数字孪生技术及其应用[J]. 中国工程科学, 2020, 22(4): 74-85.

[27] 李长江. 关于数字经济内涵的初步探讨[J]. 电子政务, 2017(9): 83-92.

[28] 党安荣, 甄茂成, 王丹, 等. 中国新型智慧城市发展进程与趋势[J]. 科技导报, 2018, 36(18): 16-29.

[29] 陈晓东, 杨晓霞. 数字经济发展对产业结构升级的影响: 基于灰关联熵与耗散结构理论的研究[J]. 改革, 2021(3): 26-39.

[30] 谢康, 廖雪华, 肖静华. 效率与公平不完全相悖: 信息化与工业化融合视角[J]. 经济研究, 2021, 56(2): 190-205.

[31] "新一代人工智能引领下的智能制造研究" 课题组. 中国智能制造发展战略研究[J]. 中国工程科学, 2018, 20(4): 1-8.

[32] 王成山, 董博, 于浩, 等. 智慧城市综合能源系统数字孪生技术及应用[J]. 中国电机工程学报, 2021, 41(5): 1597-1607, 中插8.

[33] 史炜, 马聪卉, 王建梅. 工业化和信息化融合发展的对策研究: 以融合类业务发展及业务模式探讨 "两化融合" 的发展对策[J]. 数字通信世界, 2010(2): 16-49.

[34] 金江军. 两化融合的理论体系[J]. 信息化建设, 2009(4): 9-12.

[35] 黄晟, 王静宇, 郭沛, 等. 碳中和目标下能源结构优化的近期策略与远期展望[J]. 化工进展, 2022, 41(11): 5695-5708.

[36] 张亚斌, 金培振, 沈裕谋. 两化融合对中国工业环境治理绩效的贡献: 重化工业化阶段的经验证据[J]. 产业经济研究, 2014(1): 40-50.

[37] 张龙鹏, 周立群. "两化融合" 对企业创新的影响研究: 基于企业价值链的视角[J]. 财经研究, 2016, 42(7): 99-110.

[38] 周剑，陈杰. 制造业企业两化融合评估指标体系构建[J]. 计算机集成制造系统，2013，19(9)：2251-2263.

[39] 刘淑春. 中国数字经济高质量发展的靶向路径与政策供给[J]. 经济学家，2019(6)：52-61.

[40] 柏培文，张云. 数字经济、人口红利下降与中低技能劳动者权益[J]. 经济研究，2021，56(5)：91-108.

[41] 田鸽，张勋. 数字经济、非农就业与社会分工[J]. 管理世界，2022，38(5)：72-83.

[42] 刘艳红，黄雪涛，石博涵. 中国 "新基建"：概念、现状与问题[J]. 北京工业大学学报(社会科学版)，2020，20(6)：1-12.

[43] 唐堂，滕琳，吴杰，等. 全面实现数字化是通向智能制造的必由之路：解读《智能制造之路：数字化工厂》[J]. 中国机械工程，2018，29(3)：366-377.

[44] 刘强. 智能制造理论体系架构研究[J]. 中国机械工程，2020，31(1)：24-36.

[45] 张运洲，代红才，吴潇雨，等. 中国综合能源服务发展趋势与关键问题[J]. 中国电力，2021，54(2)：1-10.

[46] 崔璐，杨凯瑞. 智慧城市评价指标体系构建[J]. 统计与决策，2018，34(6)：33-38.

[47] 廖华，向福洲. 中国 "十四五" 能源需求预测与展望[J]. 北京理工大学学报(社会科学版)，2021，23(2)：1-8.

[48] 伍朝辉，武晓博，王亮. 交通强国背景下智慧交通发展趋势展望[J]. 交通运输研究，2019，5(4)：26-36.

[49] 司林波，刘畅. 智慧政府治理：大数据时代政府治理变革之道[J]. 电子政务，2018(5)：85-92.